Recettes pour bébés et tout-petits

Auteurs : Karen Ansel, MS, RD et Charity Ferreira

Photographe : Thayer Allyson Gowdy

Table des matières

Avant-propos

Parmi les nombreuses étapes importantes de la première année de bébé, celle des aliments solides est une aventure qui restera à jamais gravée dans votre mémoire. Certains jours, vous serez accueilli par une bouche affamée toute grande ouverte et des ricanements et couinements de plaisir. Tantôt, vous aurez droit à des lèvres pincées, des bols de céréales renversés et des verres à bec balancés par terre.

Et pourtant, avec de l'amour, de la patience et un apport soutenu de nourriture nutritive, vous pouvez avoir un impact réel sur ce périple. En offrant à bébé une grande variété d'aliments sains et goûteux, vous pouvez l'aider à s'alimenter de façon équilibrée tout en risquant parfois l'aventure.

Pourquoi les aliments faits maison ?

En choisissant de préparer des aliments maison pour votre bébé, vous décidez d'y mettre exactement ce que vous voulez. Cela ne veut pas dire que vous n'irez jamais acheter un pot de nourriture pour bébés à l'occasion. Il n'en demeure pas moins que la préparation de repas frais est l'un des plus beaux cadeaux que vous pouvez offrir à votre bébé.

Une meilleure valeur nutritive

Si vous préparez vous-même la nourriture de votre bébé, vous savez qu'elle est dépourvue d'additifs inutiles comme les amidons, les épaississants et les agents de conservation. Vous pouvez également contrôler les ingrédients dont bébé n'a pas besoin comme le sucre et le sel. Une préparation maison des aliments pour bébés vous permet d'utiliser des produits de saison remplis de saveurs et cueillis à leur meilleur. Il est vrai qu'il faut y mettre un peu plus d'effort mais la préparation d'aliments maison est plus facile que vous croyez, surtout parce que ceux-ci sont confectionnés en grande quantité à partir

d'ingrédients déjà dans votre cuisine, puis conservés pour plus tard. Cela vous permet de nourrir bébé avec les mêmes aliments que le reste de la famille, tout en économisant.

Un meilleur goût

Une préparation maison pour bébés a meilleur goût parce qu'elle est plus fraîche. Cuisiner ses propres plats vous permet également d'offrir à bébé une plus grande variété d'ingrédients car le choix des produits du commerce est limité. Bébé apprendra donc à manger une plus grande variété de fruits, de légumes, de céréales et de protéines, sans parler des aromates, fines herbes et épices, ainsi que des viandes de la meilleure qualité, que vous choisirez sans antibiotiques et provenant d'élevages de bétail en liberté. En l'exposant plus hâtivement à diverses saveurs, bébé sera davantage porté à essayer et à accepter de nouveaux aliments plus tard.

Une meilleure texture

De cette façon, vous pouvez également vous assurer que la texture sera parfaite. Ceci prend toute son importance si on considère que les textures des aliments sont aussi nouvelles que les saveurs pour bébé. Au début, vous pouvez délayer les aliments de bébé avec un peu de lait maternel ou de préparation pour nourrissons. Puis, à mesure que votre enfant devient plus habile avec les aliments, vous pouvez préparer une nourriture de plus en plus épaisse avec des morceaux de plus en plus gros, selon ce qui convient à un enfant de son âge.

L'introduction des aliments solides

Jusqu'à maintenant, le lait maternel ou la préparation pour nourrissons enrichie de fer a fourni à bébé tous les éléments nutritifs nécessaires pour grandir et prendre son essor. Toutefois, à l'approche de ses six mois, son système digestif commence à mûrir et il peut désormais digérer des aliments solides.

Quand bébé est-il prêt ?

À six mois, bébé commence à acquérir les habiletés physiques dont il a besoin pour faire la transition vers les aliments solides. Mais à quel moment savez-vous qu'il est en mesure de prendre sa première cuillérée ? La meilleure chose à faire est de suivre ses indications et de surveiller les signes suivants :

- Bébé peut s'asseoir droit dans sa chaise avec appui.
- Il tient sa tête solidement.
- Il ouvre la bouche ou se penche en avant lorsqu'on lui présente de la nourriture.
- Il peut avaler la nourriture que l'on place dans sa bouche au lieu de l'expulser.
- Il s'intéresse à ce que vous mangez.

Aliments complémentaires

Même si bébé est prêt à consommer des aliments solides, le lait maternel ou la préparation pour nourrissons enrichie de fer demeurera son principal soutien alimentaire.

Les aliments complémentaires tels que la purée de courge, les céréales de riz et la compote de pommes ne font pas qu'ajouter des éléments nutritifs. Ils permettent à bébé d'apprendre à manger, à mâcher et à avaler la nourriture; il arrive ainsi à accepter de nouveaux goûts et textures et à s'y adapter.

L'allaitement est toujours le premier choix

Le lait maternel est l'aliment de départ idéal conçu par la nature et le meilleur du point de vue nutritif. En fait, les experts en santé recommandent d'allaiter votre bébé pendant les six premiers mois de vie et d'exclure tout le reste si possible, puis d'y ajouter des aliments solides jusqu'à l'âge d'un an.

- Le lait maternel contient des anticorps qui protègent le bébé contre les maladies et les infections.
- Les bébés allaités ont moins de maux de ventre. Le lait maternel favorise le développement du système digestif.
- Les saveurs des aliments que vous mangez passent dans votre lait, exposant bébé à toute une gamme de goûts.
- Le lait maternel contient des gras bénéfiques qui favorisent le développement du cerveau.
- L'allaitement protège également contre le développement d'allergies alimentaires, l'obésité, la diarrhée, les otites et les infections respiratoires.

De nouveaux aliments à chaque stade

Au cours des prochains mois, vous allez lentement aider bébé à faire la transition des purées délayées aux aliments de table.

4 à 6 mois

- Les céréales à grain unique comme le riz, l'orge, le millet ou l'avoine délayées avec du lait maternel ou une préparation pour nourrissons; le fait de suppléer ces céréales riches en minéraux, fibres, protéines et vitamines B avec une préparation pour nourrissons riche en fer ou du lait maternel permettra d'assurer que votre bébé obtient tout le fer dont il a besoin pour soutenir sa croissance rapide.

- Les fruits sucrés peu acides comme les pommes et les poires en purée et les légumes sucrés féculeux comme les pois et les patates douces.

7 à 8 mois

- Une plus grande gamme de fruits et légumes en purée, y compris les fruits à saveur vive comme les pêches, les prunes et les cerises, et les légumes à saveur de terroir comme les betteraves, les asperges, les champignons et les haricots verts.

- Des combinaisons de purées à base d'ingrédients auxquels bébé a déjà goûté, de manière à élargir son choix de saveurs.

- Des purées à texture plus grossière – et même en morceaux si bébé le tolère - de céréales, de légumes, de fruits et de viandes, de manière à familiariser bébé aux diverses textures et à l'initier à la mastication.

- Les légumineuses à cuisson lente riches en protéines comme les lentilles et les pois cassés.

- L'ajout de gras (beurre, huile d'olive) pour donner du goût et accroître la sensation agréable de la nourriture dans la bouche de bébé.

- Les premières viandes de bébé : l'agneau en purée, avantageux parce qu'il est riche en fer, et la dinde en purée, une bonne source de protéines maigres et faciles à digérer.

9 à 11 mois

- Des purées grossières, en morceaux ou pilées, de fruits, de légumes et de légumineuses.

- Des petits morceaux de légumes cuits tendres et de fruits très mûrs.

- Du yogourt, de la ricotta ou du fromage cottage au lait entier.

- Des fromages à pâte semi-dure râpés tels que le cheddar et le Monterey Jack.

- Des viandes finement émincées, y compris le poulet et le porc, et des jaunes d'œufs.

- Davantage de fines herbes, d'épices et d'aromates tels que les oignons et l'ail.

- Des jus de fruit à 100 %; on devrait se limiter à ¼ tasse (2 oz liq./60 ml) par jour.

1 an et plus

- Des aliments que toute la famille consomme tels que des soupes et des ragoûts, des pâtes, des quésadillas coupées en bouchées.

- Du miel; du lait entier; du poisson; des agrumes; de petites quantités de sel et de poivre.

Aliments sains pour bébé et tout-petit

À partir du moment où il consomme des aliments solides jusqu'à ce qu'il atteigne l'âge des tout-petits, votre bébé a besoin d'une grande variété d'aliments qui lui fourniront les éléments nutritifs nécessaires pour grandir en santé et rester fort. Le tableau qui suit vous aidera à choisir les meilleurs aliments à mettre dans son assiette.

Types d'aliments	Exemples	Pourquoi bébé en a besoin
FRUITS ET LÉGUMES RICHES EN VITAMINE C	Fraises, papayes, mangues, tomates, poivrons et brocolis.	Ils fortifient le système immunitaire. La vitamine C augmente également l'absorption du fer provenant des aliments végétaux comme les céréales et les grains.
FRUITS ET LÉGUMES JAUNE ORANGE	Cantaloups, abricots, papayes, patates douces, carottes et courges d'hiver.	Ils sont riches en vitamine A pour des yeux et une peau en santé. La vitamine A aide également à combattre les infections.
LÉGUMES VERTS	Épinards, avocats, brocolis et asperges.	Ils fournissent les folates qui favorisent la santé cardiaque, régénèrent les cellules et soutiennent la croissance.
GRAINS ENTIERS	Avoine, millet, orge, couscous, polenta et riz brun; céréales enrichies de fer; pain, craquelins; pâtes.	Les grains entiers regorgent de glucides qui fournissent de l'énergie. Les céréales enrichies de fer peuvent fournir le fer dont bébé a besoin, un élément essentiel à sa croissance rapide et à son développement cognitif dans la première et la deuxième enfance.

Types d'aliments	Exemples	Pourquoi bébé en a besoin
HARICOTS ET LÉGUMINEUSES	Haricots noirs, canellini, haricots communs et pinto; pois chiches, edamames; pois verts; lentilles	Les haricots et légumineuses regorgent de protéines et de glucides complexes. Ils sont également une source importante de folates.
VOLAILLES, PORC ET ŒUFS	Poulet, dinde, porc maigre et œufs	Ceux-ci fournissent des protéines nécessaires à la croissance de cellules, de muscles et d'organes. Les bébés ont besoin d'un apport plus important de protéines par kilo de poids corporel.
VIANDES ROUGES ET VOLAILLES À VIANDE BRUNE	Viande brune de poulet et de dinde, agneau et coupes de bœuf maigres	En plus de fournir protéines et fer, ces aliments sont riches en zinc pour soutenir la croissance et favoriser un système immunitaire en santé.
ESPÈCES DE POISSONS FAIBLES EN MERCURE	Saumon sauvage, flet, sole, truite d'eau douce et poissons maigres	Les poissons sont d'excellentes sources de protéines maigres et des acides gras Oméga-3 DHA et EPA qui peuvent améliorer le développement cognitif et l'acuité visuelle.
PRODUITS LAITIERS RICHES EN MATIÈRES GRASSES	Fromage, ricotta, cottage, yogourt et lait entier	Ce sont les sources principales de calcium nécessaire à la constitution d'os forts. Ils sont également remplis de protéines.

Dans la cuisine

Avec un peu de prévoyance et les bons outils, la cuisine pour bébé s'avère rapide et facile. En comptant une période d'environ une heure deux jours par semaine, vous êtes assuré d'offrir à votre tout-petit des aliments cuisinés maison toute la semaine durant.

Outils simples pour la cuisine

La cuisine pour bébé ne nécessite pas d'attirail et d'appareils spécialisés. En fait, il est probable que vous avez déjà tous les ustensiles qu'il vous faut dans votre cuisine. Voici le matériel de base nécessaire pour cuisiner les aliments :

- une casserole moyenne;
- une marguerite;
- un plat de cuisson;
- un robot culinaire ou mélangeur pour préparer des purées. Vous pouvez également réduire les aliments pour bébé en purée en les passant dans un moulin ou en les écrasant dans un tamis.
- un pilon à pommes de terre ou une fourchette, lorsque bébé est prêt à manger des aliments plus consistants.

Les meilleures méthodes de cuisson

Les cuissons à l'étuvée, pochée et rôtie sont les plus indiquées pour les premiers repas de bébé. Non seulement sont-elles rapides et faciles mais elles ne requièrent aucun gras supplémentaire, ce qui peut être difficile à digérer pour son système délicat.

Les cuissons à l'étuvée et rôtie ont l'avantage additionnel de ne pas entrer en contact avec l'eau, un facteur qui peut éliminer les éléments nutritifs.

Les ingrédients biologiques

Toutes proportions gardées, votre bébé mange davantage de nourriture par kilo de poids corporel que vous. En choisissant des ingrédients biologiques, vous êtes assuré que le régime de bébé est libre d'hormones, de pesticides et d'antibiotiques synthétiques, qui peuvent être dommageables pour le corps et le cerveau en développement d'un bébé.

Choisissez les produits biologiques lorsque les fruits et légumes présentent une plus grande quantité de résidus de pesticides.

LÉGUMES

- poivrons; céleri; légumes-racines tels que des pommes de terre et des carottes; légumes-feuilles tels que des épinards et de la laitue.

FRUITS

- pêches et nectarines; pommes; fraises; cerises.

À l'abri des risques pour la santé

Un régime bien équilibré peut donner à votre enfant tous les éléments nutritifs dont il a besoin pour partir du bon pied. Mais tant qu'il n'a pas atteint sa première année, il y a des aliments que vous devriez introduire avec précaution pour minimiser les risques d'allergies alimentaires et de maladies d'origine alimentaire.

Sensibilisation aux allergies

Avant l'âge d'un an, le système digestif de bébé est encore en développement. Par conséquent, il peut laisser passer des protéines non digérées. Si cela se produit, son corps peut réagir comme si ces protéines normalement inoffensives étaient des allergènes. Après son premier anniversaire, les allergies alimentaires sont une préoccupation moins importante car son système aura la maturité qu'il faut pour filtrer la plupart des protéines. Les enfants nés de familles prédisposées aux allergies peuvent avoir un système plus sensible et qui prend plus de temps à se former. Si c'est le cas dans votre famille, parlez-en à votre médecin pour savoir si vous devez retarder l'introduction de certains aliments au-delà de la première année de bébé.

Jusqu'au seuil d'un an, l'introduction d'aliments à ingrédient unique peut vous faciliter la tâche de reconnaître si un nouvel aliment entraîne une réaction. Après chaque nouvel aliment, attendez de trois à cinq jours avant d'introduire le suivant. Pendant ce temps, si vous soupçonnez la présence d'une allergie alimentaire, cessez d'utiliser l'aliment suspect et parlez-en à votre pédiatre.

Il est vrai que n'importe quel aliment peut déclencher une allergie mais les aliments ci-dessous sont les plus souvent mis en cause :

- lait, œufs, blé, soja, poissons, crustacés, noix, arachides.

La propreté est la clé

Une cuisine propre est le garant d'une nourriture libre de microbes et de bactéries. Voici quelques conseils pour assurer la propreté dans votre cuisine :

- Avant de commencer à préparer la nourriture pour bébé, lavez vos mains à fond au savon et à l'eau.

- Assurez-vous de bien laver tous les fruits et légumes à fond (même les aliments biologiques ou à peler).

- Utilisez des surfaces de travail et des ustensiles distincts pour les viandes crues, la volaille et les fruits de mer.

- Une fois la préparation terminée, réfrigérez ou congelez rapidement les aliments et nettoyez toutes les surfaces de travail et ustensiles à l'eau chaude savonneuse.

Signes d'une réaction allergique

- diarrhée
- flatulences
- respiration sifflante
- vomissements
- éruption cutanée
- urticaire
- difficultés respiratoires

● Après le repas, parce que la cuillère a introduit des microbes dans le bol, il vaut mieux jeter toute nourriture non consommée.

Prévention des étouffements

Les bébés et tout-petits trop pressés s'empiffrent souvent de leurs aliments préférés ou prennent de trop grosses bouchées. Vous pouvez minimiser le risque d'étouffement en suivant les consignes suivantes :

● Asseyez-vous avec bébé pendant qu'il mange de manière à lui signifier que le repas est un moment privilégié pour la famille.

● Lorsque votre enfant est à l'âge des aliments préhensibles, coupez-les en morceaux qui ne dépassent pas ¼ po (6 mm).

● Ne mettez que quelques bouchées de nourriture dans l'assiette à la fois.

● Montrez-lui à prendre de petites bouchées et à bien mastiquer.

Aliments gazeux

Il est parfois difficile de savoir si bébé souffre d'une allergie alimentaire ou s'il a simplement un problème de gaz. Les aliments suivants peuvent aggraver le problème :

● produits laitiers   ● jus de fruit

● haricots   ● blé

● brocoli   ● chou-fleur

● oignons   ● ail

Aliments à éviter

Tout au long de la première année, vous introduirez en douceur de nouveaux aliments dans l'alimentation de votre bébé. Mais certains sont à éviter jusqu'à l'âge d'un an et dans certains cas deux ans.

FROMAGES AU LAIT CRU Ces produits à base de lait non pasteurisé peuvent contenir des bactéries nuisibles.

PRODUITS LAITIERS FAIBLES EN GRAS Bébé a besoin des gras dans les produits laitiers pour son cerveau en développement. Nourrissez-le aux produits laitiers entiers jusqu'à l'âge de deux ans.

SUCRE Le sucre contient des calories vides qui rassasient bébé, laissant moins de place aux aliments nutritifs.

SEL Avant l'âge d'un an, ajouter du sel aux aliments ne fera que favoriser une préférence pour les aliments salés plus tard. Essayez plutôt de parfumer les aliments avec des fines herbes et des épices. Après l'âge d'un an, vous pouvez commencer à saler légèrement les aliments.

LAIT DE VACHE Attendre l'âge d'un an peut réduire le risque d'une allergie au lait.

VIANDE INSUFFISAMMENT CUITE Viande, poisson, volaille et œufs partiellement cuits

MIEL ET SIROP DE MAÏS Ces aliments peuvent contenir de petites quantités de toxines du botulisme qui peuvent rendre malades les bébés de moins d'un an.

L'introduction de nouveaux aliments

En plus d'ajouter des éléments nutritifs au menu, introduire de nouveaux aliments est une occasion de réjouissances pour le parent et le bébé. Bien que ce soit emballant de présenter toutes sortes d'aliments savoureux à bébé, soyez assuré qu'il va manger avec le reste de la famille assez rapidement. Pour le moment et durant son apprentissage, une approche constante et en douceur lui permettra de s'ajuster.

Conseils pour les nouveaux essais

Il est parfois ardu d'introduire de nouveaux aliments. Les conseils qui suivent permettent de calmer le jeu quelque peu :

- N'introduisez qu'un seul nouvel aliment à la fois. Cela permet de détecter plus facilement le coupable si bébé fait une réaction.

- Puisque les papilles gustatives d'un bébé peuvent être plus sensibles que celles d'un adulte, il est préférable d'éviter les assaisonnements trop puissants.

- Les aliments peuvent être servis à la température de la pièce ou tièdes, jamais brûlants ou glacés.

- Lorsque vous présentez un nouvel aliment, donnez-en une petite quantité et gardez à l'esprit que ceci représente une nouvelle expérience pour bébé. Même s'il ne prend qu'une bouchée, cela est suffisant.

- Le mélange des nouveaux aliments et des plus familiers rend la tâche d'acceptation plus facile. S'il n'est pas enthousiaste, ne l'obligez pas. Il sera peut-être davantage disposé la prochaine fois.

- Avec le temps, les goûts de bébé vont évoluer. Ne vous étonnez pas si les aliments qui ne l'intéressaient pas du tout au départ deviennent un jour ses préférés.

Saisir l'occasion

Le temps idéal pour nourrir votre bébé est lorsqu'il est bien reposé et joyeux. Le matin est souvent le bon moment car il peut être plus difficile plus tard dans la journée. Il est également préférable d'attendre qu'il ait faim; en revanche, n'attendez pas qu'il soit affamé au point de ne pas pouvoir se concentrer sur la tâche de s'alimenter.

Savoir quand céder

L'appétit des bébés et des tout-petits varie de jour en jour et même d'un repas à l'autre. Il est donc parfaitement normal pour eux de manger peu lors d'un repas et de manger davantage au suivant. Lorsqu'on fait confiance à leur propre mécanisme interne de satiété, ils sont habituellement très habiles à décider de la quantité de nourriture dont ils ont besoin.

Ce devrait être votre bébé qui vous signale quand il en a eu assez. Savoir reconnaître les signes de satiété suivants peut éviter les luttes de pouvoir et les disputes à la table :

- Il détourne la tête.

- Il se penche en arrière.

- Il refuse d'ouvrir la bouche.

- Il joue avec sa nourriture.

Premières bouchées

Offrir des aliments sains faits maison permet de s'assurer que la première expérience avec les aliments de table est remplie d'éléments nutritifs et de saveur. Ce chapitre propose une panoplie de recettes et de céréales que vous pouvez préparer à la maison à partir de grains entiers uniques (tels que le riz, l'orge, l'avoine et le millet) ainsi que des purées simples de fruits et légumes à ingrédient unique.

Présenter à bébé une variété de goûts, de couleurs et de textures est la façon idéale de lui montrer la voie vers une alimentation saine. Au début, votre bébé consommera des aliments à ingrédient unique, puis fera lentement la transition vers les aliments de table. Après quelques semaines seulement, il sera prêt pour les combinaisons de saveurs qui rendront ses repas encore plus délicieux et plus intéressants.

Les premiers repas de bébé

Vers l'âge de six mois, votre bébé sera probablement prêt à essayer les aliments solides. Au début, les repas seront davantage un exercice d'apprentissage sur l'alimentation qu'une séance pour se sustenter. En réalité, à ce stade, c'est le lait maternel ou la préparation pour nourrissons à raison d'au moins trois à cinq fois par jour qui constitue son alimentation principale.

Tout doucement

Le repas avec votre bébé n'est pas uniquement une question de saine alimentation. C'est un moment privilégié qui vous donne l'occasion de communiquer, de resserrer vos liens et d'observer dans la joie la découverte de nouvelles saveurs et textures. Savoir interpréter les signes de bébé fera de cette expérience un moment heureux pour vous deux.

L'alimentation est une expérience complètement nouvelle et différente pour bébé. Vous êtes peut-être impatient de commencer cette étape mais il vaut mieux commencer doucement avec un seul repas d'aliments solides par jour pendant le premier mois. Au début, vous lui offrez de petites portions d'une ou deux cuillérées d'un seul ingrédient à chaque repas. Au fil des jours et des semaines qui suivent, une fois l'habitude installée, il sera davantage prêt à accepter des cuillérées supplémentaires.

Le choix des meilleurs aliments

Anciennement, on recommandait aux parents de nourrir bébé d'abord avec un régime strictement composé de céréales. De nos jours, il est d'usage de choisir soi-même l'ordre d'introduction des aliments. Il y a, bien entendu, certains ingrédients que l'on croit meilleurs pour commencer à alimenter bébé : les fruits sucrés comme les pommes et les poires, les légumes doux comme les courges musquées et les pois et les céréales à grain entier comme le riz et le millet. Les recettes de chacune de ces purées et céréales à ingrédient unique vous permettent d'ajouter saveurs et éléments nutritifs au régime de votre bébé.

Gardez à l'esprit, toutefois, que les céréales enrichies de fer du commerce sont également un aliment de base important du garde-manger de bébé (voir l'encadré « L'importance du fer », page 40), le manque de fer étant la déficience nutritionnelle la plus fréquente chez les poupons et les tout-petits. Vous pouvez vous assurer que votre choix de céréales renferme suffisamment de fer en parcourant l'apport nutritif sur le côté de la boîte. La plupart des céréales enrichies fournissent 45 % de l'apport quotidien en fer.

Quand bébé a-t-il faim ?

Le meilleur moment pour nourrir bébé est lorsqu'il est reposé et enjoué. Il faut apprendre à détecter certains indices, juste avant qu'il soit trop affamé (et ne puisse plus se concentrer sur cette tâche). Quoique les pleurs puissent signifier qu'un enfant a faim, bébé peut aussi ouvrir grand la bouche à la vue de la nourriture, agiter les bras et les jambes et faire des signes de tête en guise d'approbation.

Un ingrédient à la fois

Lorsque vous commencez à nourrir bébé aux aliments solides, assurez-vous d'introduire chaque nouvel ingrédient un à la fois de manière à pouvoir évaluer si un nouvel aliment ne lui convient pas. Étant donné que les réactions alimentaires ne sont pas toujours immédiates, il est préférable d'attendre de trois à cinq jours avant d'offrir d'autres aliments nouveaux.

Votre bébé élargit ses goûts en grandissant et vous pouvez commencer à combiner les céréales et les purées de fruits et de légumes que vous trouverez dans ce chapitre. Mélanger les aliments vous permet d'ajouter des saveurs et des textures intéressantes dans l'assiette. Cela permet également d'accroître l'apport nutritif en améliorant l'absorption des éléments nutritifs contenus dans sa nourriture.

Si vous craignez de favoriser une dent sucrée par la consommation de fruits, cette inquiétude n'est pas fondée. Les enfants naissent avec une préférence pour les goûts sucrés. En fait, si vous allaitez votre enfant, il bénéficie du goût sucré du lait maternel depuis des mois.

Des aliments faciles à avaler

Vous pouvez rendre les premiers aliments de bébé plus faciles à avaler en les délayant de manière à obtenir une consistance liquide. Essayez d'ajouter un peu de lait maternel ou maternisé à ses céréales ou sa purée, ce qui leur donnera un goût familier susceptible de gagner sa faveur. De plus, le lait maternel et la préparation pour nourrissons ajoutent des éléments nutritifs aux aliments que vous servez à bébé. Avec le temps, au fur et à mesure qu'il apprend à avaler les solides, vous pouvez ajuster en douceur la consistance de ses aliments en y ajoutant de moins en moins de liquide.

Conseils pour nourrir bébé

Voici quelques conseils pour nourrir votre nouveau mangeur qui le mettront à son aise et de bonne humeur quand viendra le temps de prendre un repas :

- Installez bébé dans une chaise haute ou sur un siège d'appoint rehaussé d'oreillers pour l'asseoir bien droit.

- Asseyez-vous face à lui et tenez une petite cuillère à long manche environ un pied devant lui.

- Attendez que bébé ouvre la bouche. S'il n'ouvre pas la bouche, portez doucement la cuillère à ses lèvres ou à ses gencives.

- Laissez bébé déterminer la vitesse à laquelle il préfère manger et à quel moment il faut s'arrêter.

- Arrêtez de le nourrir quand il montre des signes de satiété ou de fatigue (voir page 16).

Le sommeil et les aliments solides

Bien qu'il soit communément admis que l'ajout d'aliments solides au régime de bébé l'aidera à faire ses nuits, les experts en puériculture s'entendent pour dire que cela ne fait que peu de différence. Autour de l'âge de quatre mois, la plupart des bébés sont physiquement en mesure de dormir six ou sept heures à la fois sans se réveiller pour manger. Si votre bébé réclame toujours de la nourriture durant la nuit, c'est peut-être une question d'habitude et non de faim.

Compote de pommes

La compote de pommes est non seulement facile à faire mais extrêmement pratique – un allié naturel des céréales de riz au petit-déjeuner ou en combinaison avec d'autres purées plus tard dans la journée. Ajoutez une pincée de cannelle si bébé aime bien. Évitez les variétés acidulées comme la Pippin verte ou la Granny Smith; bébé peut faire la fine bouche si vous n'ajoutez pas de sucre.

6 pommes sucrées telles que Gala, Pink Lady ou McIntosh, environ 3 lb (1,5 kg) au total, évidées et en quartiers

RENDEMENT : ENVIRON 2½ TASSES (20 OZ LIQ./625 ML) DE COMPOTE

- Verser de l'eau dans une grande casserole à hauteur de 1 po (2,5 cm). Mettre les pommes dans une marguerite et déposer celle-ci dans la casserole. Porter à ébullition à feu vif. Couvrir et laisser étuver 10 – 12 minutes, jusqu'à ce que les pommes soient très tendres.

- Retirer du feu et retirer la marguerite de la casserole; réserver le liquide de cuisson. Laisser refroidir les pommes, puis ôter et jeter les pelures. Transférer les pommes dans un mélangeur et réduire en une purée lisse. Ajouter suffisamment de liquide réservé, de lait maternel ou de préparation pour nourrissons pour délayer la purée jusqu'à la consistance que l'enfant peut avaler.

CONSERVATION : Réfrigérer dans un contenant hermétique jusqu'à 3 jours ou remplir un plateau à glaçons ou autre contenant de nourriture pour bébé de portions individuelles, couvrir et congeler jusqu'à 3 mois. (La compote peut décolorer quelque peu durant la conservation.)

ALIMENTS POUR LA CROISSANCE « Une pomme par jour... » Sucrées et remplies de fibres et de vitamine C, les pommes sont un excellent choix comme premier fruit pour bébé. De plus, les allergies aux pommes sont extrêmement rares. Elles sont faciles à digérer, aident à prévenir la constipation, favorisent une bonne santé cardiaque et aident à contrôler le taux de cholestérol.

6 MOIS

Céréales de riz

Les céréales de riz, souvent le premier aliment « solide » des bébés, sont faciles à préparer à la maison. Gardez à l'esprit que les céréales de riz du commerce sont généralement enrichies de fer; si vous les préparez vous-même, discutez des besoins en fer de votre bébé avec votre pédiatre. Les bébés peuvent obtenir leur fer de toute une gamme d'aliments, dont le lait maternel, la préparation pour nourrissons, les viandes et les fruits séchés (voir page 40).

¼ tasse (2 oz/60 g) de riz brun

RENDEMENT : ENVIRON 1 TASSE (8 OZ LIQ./250 ML) DE CÉRÉALES

- Mettre le riz dans un robot culinaire ou mélangeur et actionner environ 4 minutes pour le réduire en une poudre fine et homogène.

- Dans une casserole à feu moyen-vif, porter 1 tasse (8 oz liq./250 ml) d'eau à ébullition. Ajouter la poudre de riz brun et réduire à feu doux. Cuire environ 5 minutes en remuant sans cesse jusqu'à ce que l'eau soit complètement absorbée et les céréales lisses.

- Ajouter suffisamment d'eau, de lait maternel ou de préparation pour nourrissons pour délayer les céréales à la consistance que l'enfant peut avaler. Laisser refroidir avant de servir.

CONSERVATION : Réfrigérer dans un contenant hermétique jusqu'à 3 jours ou remplir un plateau à glaçons ou autre contenant de nourriture pour bébé de portions individuelles, couvrir et congeler jusqu'à 3 mois.

PRÉPARER POUR CONSERVER : La poudre de riz, d'orge et de millet sont toutes faciles à conserver. Vous pouvez en moudre une plus grande quantité et l'utiliser plus tard. Conservez la poudre dans un contenant hermétique au réfrigérateur jusqu'à l'utilisation, puis préparez-la selon la recette.

6 MOIS

Céréales d'orge

L'orge regorge de vitamines et son goût de terroir est légèrement sucré. Elle est crémeuse comme les variétés de riz blanc à grains ronds dont l'arborio mais contient davantage de fibres solubles.

¼ tasse (2 oz/60 g) d'orge perlé

RENDEMENT : ENVIRON 1 TASSE (8 OZ LIQ./250 ML) DE CÉRÉALES

- Mettre l'orge dans un robot culinaire ou mélangeur et actionner environ 5 minutes pour la réduire en une fine poudre homogène.

- Dans une casserole à feu moyen-vif, porter 1 tasse (8 oz liq./250 ml) d'eau à ébullition. Ajouter l'orge en poudre et réduire à feu doux. Cuire environ 5 minutes en remuant sans cesse jusqu'à ce que l'eau soit complètement absorbée et les céréales lisses.

- Ajouter suffisamment d'eau, de lait maternel ou de préparation pour nourrissons pour délayer les céréales à la consistance que l'enfant peut avaler. Laisser refroidir avant de servir.

  CONSERVATION : Réfrigérer jusqu'à 3 jours ou congeler jusqu'à 3 mois.

Céréales de millet

Le millet, grain doré et perlé avec un goût de noix et une douceur agréable, ressemble au couscous lorsqu'il est cuit. C'est une excellente source de vitamines B, d'acides aminés et de minéraux et une solution de rechange au riz qui se digère bien.

¼ tasse (2 oz/60 g) de millet

RENDEMENT : ENVIRON ½ TASSE (4 OZ LIQ./125 ML) DE CÉRÉALES

- Mettre le millet dans un robot culinaire ou mélangeur et actionner environ 2 minutes pour le réduire en une fine poudre homogène.

- Dans une casserole à feu moyen-vif, porter 1 tasse (8 oz liq./250 ml) d'eau à ébullition. Ajouter le millet en poudre et réduire à feu doux. Cuire environ 5 minutes en remuant sans cesse jusqu'à ce que l'eau soit complètement absorbée et les céréales lisses.

- Ajouter suffisamment d'eau, de lait maternel ou de préparation pour nourrissons pour délayer les céréales à la consistance que l'enfant peut avaler. Laisser refroidir avant de servir.

  CONSERVATION : Réfrigérer jusqu'à 3 jours ou congeler jusqu'à 3 mois.

Purée de petits pois

La teneur naturellement élevée en sucre des petits pois en fait rapidement un des aliments préférés de bébé. De surcroît, ces derniers sont faciles à réduire en une purée lisse et veloutée en cuisant. Les pois surgelés sont une excellente solution de rechange aux pois frais en saison car ils sont congelés à leur meilleur.

2 tasses (10 oz/315 g) de pois frais ou surgelés

RENDEMENT : ENVIRON 1½ TASSE (12 OZ LIQ./375 ML) DE PURÉE

- Verser de l'eau dans une casserole à hauteur de 1 po (2,5 cm). Mettre les pois dans une marguerite et déposer celle-ci dans la casserole. Porter à ébullition à feu vif. Couvrir et étuver environ 5 minutes pour les petits pois frais ou surgelés et 3 minutes pour les petits pois surgelés et dégelés, jusqu'à ce que les pois soient de couleur vive et suffisamment tendres pour être écrasés facilement avec une fourchette.

- Retirer du feu et retirer la marguerite, en réservant le liquide de cuisson. Rincer les pois à l'eau courante froide pour arrêter la cuisson. Transférer les pois dans un robot culinaire ou mélangeur et actionner pour obtenir une purée lisse. Ajouter suffisamment de liquide de cuisson réservé, de lait maternel ou de préparation pour nourrissons pour délayer la purée à la consistance que l'enfant peut avaler.

CONSERVATION : Réfrigérer dans un contenant hermétique jusqu'à 3 jours ou remplir un plateau à glaçons ou autre contenant de nourriture pour bébé de portions individuelles, couvrir et congeler jusqu'à 3 mois.

UN BRIN DE VARIÉTÉ : Une fois que bébé aura goûté à une variété de saveurs, servez-lui des combinaisons crémeuses : mélangez des parts égales de purée de pois et de céréales de riz (page 24) ou mariez la purée de pois avec un peu de purée de courgettes (page 32).

6 MOIS

La conservation des aliments de bébé

La préparation de repas maison pour bébé n'est pas une tâche qui doit nécessairement demander des heures de travail. Cuire les aliments en grande quantité, puis les congeler dans des portions individuelles, permet de réduire le temps total de préparation et vous assure d'avoir toujours une grande variété d'aliments sains faits maison à portée de main pour votre petit trésor.

Du réfrigérateur au congélateur

Congeler des portions individuelles de nourriture pour bébé vous permettra de maximiser l'utilisation des aliments et d'économiser en minimisant les pertes de nourriture.

Une ou deux fois par semaine, préparez quelques purées différentes que vous pouvez congeler pour des repas ultérieurs. Voici quelques conseils simples pour conserver les aliments pour bébé plusieurs mois.

- Après avoir terminé une recette, laissez refroidir à la température de la pièce, au besoin, puis transférez immédiatement au réfrigérateur pour éviter la croissance de bactéries.

Le lait maternisé et la congélation

Le lait maternel peut être congelé sans compromettre sa valeur nutritive ou son goût. Toutefois, les fabricants de lait maternisé déconseillent cette procédure. La congélation n'affectera pas son apport nutritif mais peut faire en sorte qu'il se décompose. Pour s'assurer que la purée est à son meilleur, délayez celle-ci avec un peu de lait une fois décongelé et non avant de congeler.

- Lorsque l'aliment est complètement refroidi, réservez une petite quantité au réfrigérateur pour le prochain repas de bébé et congelez le reste.

- Pour faciliter la conservation et l'utilisation ultérieure, remplissez un plateau à glaçons ou une plaque à pâtisserie de portions individuelles (environ 2 cuillères à soupe chacune). Enveloppez le plateau ou la plaque d'une pellicule de plastique et congelez.

- Transférez les glaçons ou les portions congelés dans un sac de plastique pour congélateur et retirez l'air pour éviter les brûlures de congélation.

- Étiquetez le sac en y inscrivant la date pour contrôler le contenu et la fraîcheur.

- Vous pouvez également congeler les purées dans de petits contenants de nourriture pour bébé conçus pour le congélateur. Ne congelez jamais des aliments dans des contenants de verre car le verre peut craquer lorsque l'aliment prend de l'expansion en refroidissant.

La décongélation et le réchauffement

Une décongélation et un réchauffement appropriés permettent d'assurer que les aliments pour bébé sont libres de bactéries et sûrs pour la consommation. Voici quelques conseils pour partir du bon pied :

6 MOIS

- Dégelez les aliments congelés au réfrigérateur ou au four à micro-ondes. La décongélation d'aliments à la température de la pièce favorise la croissance de bactéries.

- Une purée congelée prendra entre 12 et 24 heures à dégeler au réfrigérateur, selon la taille de la portion.

- Pour une décongélation plus rapide, mettez l'aliment dans un contenant de verre (évitez le plastique) et dégelez-le au four à micro-ondes, en remuant à l'occasion. Le four à micro-ondes convient pour dégeler les aliments mais les experts en santé le déconseillent pour réchauffer les repas de bébé. En effet, la chaleur inégale peut produire des points chauds dissimulés qui peuvent brûler la bouche.

- Assurez-vous de toujours tester la température de la nourriture de bébé avant de la lui donner.

La température est la clé

Il est important de cuisiner et de conserver les aliments pour bébé à la température convenable pour s'assurer que l'aliment conserve sa fraîcheur et est libre de bactéries.

Lorsque vous faites cuire de la viande, du porc ou de la volaille, il est sage d'utiliser un thermomètre à viande pour tester la cuisson. Voici quelques lignes directrices pour vous assurer que la viande de bébé est cuite à la température appropriée :

- La viande hachée (émincée) telle que le bœuf, l'agneau et le porc : 160°F (71°C).

- La viande de volaille blanche et brune : 170°F (77°C).

Les conserves maison

Les aliments mis en conserve à la maison peuvent contenir des bactéries nuisibles qui peuvent rendre les bébés malades.

La conservation de la fraîcheur des aliments

Pour la plupart, les aliments conservent leur fraîcheur jusqu'à trois jours au réfrigérateur et jusqu'à trois mois au congélateur. Pour conserver le maximum de goût et de fraîcheur au réfrigérateur, déposez les aliments dans la partie la plus froide, généralement la tablette du milieu, loin de la porte. De plus, ne recongelez pas les aliments et assurez-vous d'utiliser les aliments dégelés dans les 48 heures.

- Les coupes de viande telles que les côtelettes d'agneau ou le filet de porc : 145°F (63°C).

Les bactéries sont davantage portées à se développer dans des aliments à des températures entre 40°F (4°C) et 140°F (60°C), soit la température de votre comptoir de cuisine ou la température ambiante. Après la cuisson, il faut donc transférer les aliments pour bébé directement au réfrigérateur. Il est également recommandé d'ajuster le réfrigérateur et le congélateur au réglage le plus froid pour une fraîcheur optimale.

Purée de poires

Les poires varient en fermeté et en temps de cuisson selon la variété. Testez la cuisson en perçant la partie la plus charnue d'un quartier de poire avec un couteau aiguisé ou une brochette en bois; si la résistance est nulle, les poires sont cuites.

4 poires mûres, environ 2 lb (4 kg) au total, coupées en quartiers et évidées

RENDEMENT : ENVIRON 2 TASSES (16 OZ LIQ./500 ML) DE PURÉE

- Verser de l'eau dans une grande casserole à hauteur de 1 po (2,5 cm). Mettre les poires dans une marguerite et déposer celle-ci dans la casserole. Porter à ébullition à feu vif. Couvrir et étuver 7 – 10 minutes ou jusqu'à ce que les poires soient très tendres.

- Retirer du feu; retirer la marguerite de la casserole en réservant le liquide de cuisson. Laisser tiédir les poires, puis enlever la pelure et la jeter. Transférer dans un robot culinaire ou mélangeur et actionner pour obtenir une purée lisse. Ajouter suffisamment de liquide de cuisson réservé, de lait maternel ou de préparation pour nourrissons pour délayer la purée à la consistance que l'enfant peut avaler.

CONSERVATION : Réfrigérer dans un contenant hermétique jusqu'à 3 jours ou remplir un plateau à glaçons ou autre contenant de nourriture pour bébé de portions individuelles, couvrir et congeler jusqu'à 3 mois (une légère décoloration peut survenir durant l'entreposage).

UN BRIN DE VARIÉTÉ : Sucrée mais légère au goût, la purée de poires est un bon choix pour combiner avec des céréales à grain unique lorsque bébé grandit. Quand bébé est prêt à manger de la viande, la purée de poires est délicieuse en combinaison avec du porc ou du poulet finement haché (voir chapitre 3).

6 MOIS

Purée de courgettes

Le goût léger et la texture tendre de la courgette en font un premier aliment naturel et nourrissant pour bébé. La pelure mince facilite la préparation et en rend la digestion aisée. N'hésitez pas à remplacer la courgette par d'autres courges d'été comme la courge jaune ou le pâtisson.

2 courgettes ou courges d'été moyennes, environ 8 oz (250 g) au total

RENDEMENT : ENVIRON 1½ TASSE (12 OZ LIQ./375 ML) DE PURÉE

- Parer les courgettes et les couper en rondelles d'environ 1 po (2,5 cm). Verser de l'eau dans une casserole à hauteur d'environ 1 po (2,5 cm). Mettre les rondelles dans une marguerite et déposer celle-ci dans la casserole. Porter à ébullition à feu vif. Couvrir et étuver environ 7 minutes jusqu'à tendreté.

- Retirer du feu; retirer la marguerite de la casserole, en réservant le liquide de cuisson. Rincer les courgettes cuites à l'eau courante froide pour arrêter la cuisson. Transférer les courgettes dans un robot culinaire ou mélangeur et actionner pour obtenir une purée lisse. Ajouter au besoin suffisamment de liquide de cuisson réservé, de lait maternel ou de préparation pour nourrissons pour délayer la purée à la consistance que l'enfant peut avaler.

CONSERVATION : Réfrigérer dans un contenant hermétique jusqu'à 3 jours ou remplir un plateau à glaçons ou autre contenant de nourriture pour bébé de portions individuelles, couvrir et congeler jusqu'à 3 mois.

ALIMENTS POUR LA CROISSANCE : Puisque bébé va manger la pelure, assurez-vous d'acheter des courgettes et courges biologiques. Les courges d'été sont particulièrement sucrées et délicieuses en saison dans les marchés.

6 MOIS

Purée de patates douces

Très populaire auprès des bébés et des enfants – et remplie de vitamine A et de fibres – la patate douce offre un équilibre de douceur, de goût de terroir et de texture. Préparez cette purée à l'aide d'une des nombreuses variétés colorées de patate douce ou d'igname.

2 patates douces ou ignames, environ 1½ lb (750 g) au total, brossées

RENDEMENT : ENVIRON 2 TASSES (16 OZ LIQ./500 ML) DE PURÉE

- Préchauffer le four à 400°F (200°C). Piquer les patates à plusieurs endroits avec une fourchette et mettre sur une plaque à pâtisserie. Cuire 45 – 60 minutes ou jusqu'à ce que les pelures soient ratatinées et la chair très tendre. Retirer du four et laisser tiédir.

- Couper les patates en deux sur la longueur. À l'aide d'une grande cuillère métallique, prélever la chair et transférer celle-ci dans un robot culinaire ou mélangeur. Jeter les pelures. Réduire la chair en une purée lisse. Ajouter au besoin suffisamment de liquide de cuisson réservé, de lait maternel ou de préparation pour nourrissons pour délayer la purée à la consistance que l'enfant peut avaler.

  CONSERVATION : Réfrigérer dans un contenant hermétique jusqu'à 3 jours ou remplir un plateau à glaçons ou autre contenant de nourriture pour bébé de portions individuelles, couvrir et congeler jusqu'à 3 mois.

  UN BRIN DE VARIÉTÉ : En grandissant, votre bébé peut manger des purées plus épaisses. Vous pouvez donc piler la patate avec une fourchette, en laissant quelques morceaux pour la texture. Vous pouvez également utiliser cette méthode avec les pommes de terre Russet à chair blanche, qui donnent une purée moins sucrée mais délicieuse. Lorsque bébé est prêt à goûter les viandes, cette purée sucrée et crémeuse accompagne très bien la Dinde pour bébé (page 66) et le Porc pour bébé (page 96).

Purée de courge musquée

Utilisez cette recette pour préparer toute courge d'hiver plus coriace comme la courge musquée ou poivrée ou pour cuire les potirons et les citrouilles comme la citrouille Sugar Pie. Le rôtissage fait ressortir la douceur naturelle des courges. La chair de couleur vive regorge de vitamines et de bêtacarotène et se réduit facilement en une purée lisse et légère qui convient parfaitement à bébé.

1 petite courge musquée ou autre courge d'hiver ou 1 potiron d'environ 1¼ lb (625 g)

RENDEMENT : ENVIRON 2½ TASSES (20 OZ LIQ./625 ML) DE PURÉE

- Préchauffer le four à 375°F (190°C). À l'aide d'un grand couteau aiguisé, couper la courge en deux sur la longueur. Avec une cuillère métallique, gratter les graines et les filaments dans la cavité et les jeter.

- Mettre les moitiés de courge, côté coupé vers le bas, dans un plat de cuisson peu profond. Verser de l'eau dans le plat à hauteur de ¼ po (6 mm). Rôtir 45 – 60 minutes ou jusqu'à ce que les courges soient très tendres. Retirer du four et laisser tiédir.

- À l'aide d'une cuillère, évider les courges et transférer la chair dans un robot culinaire ou mélangeur. Jeter les pelures. Réduire en une purée lisse. Ajouter suffisamment d'eau, de lait maternel ou de préparation pour nourrissons pour délayer la purée à la consistance que l'enfant peut avaler.

CONSERVATION : Réfrigérer dans un contenant hermétique jusqu'à 3 jours ou remplir un plateau à glaçons ou autre contenant de nourriture pour bébé de portions individuelles, couvrir et congeler jusqu'à 3 mois.

UN BRIN DE VARIÉTÉ : Préparez une plus grande quantité de purée pour faire une soupe rapide et facile que toute la famille appréciera, y compris bébé. Ajoutez tout simplement un peu de bouillon de légumes (page 53) pour obtenir une soupe crémeuse. Incorporez une petite quantité de compote de pommes (page 22) et saupoudrez d'un peu de muscade pour parfumer.

Purée d'avocat crémeuse

Les avocats crémeux et veloutés sont un premier aliment idéal pour bébé. Un avocat mûr demande peu de préparation et est prêt à manger après l'avoir pelé et pilé brièvement. La couleur des pelures d'avocat varie du vert au noir mais le fruit est mûr lorsque la chair cède légèrement à une pression douce.

1 avocat mûr

RENDEMENT : ENVIRON ⅓ TASSE (3 OZ LIQ./90 ML) DE PURÉE

- Couper l'avocat en deux sur la longueur en contournant le noyau. Tourner les deux moitiés à contresens pour les séparer. Envelopper la moitié avec le noyau dans une pellicule de plastique.

- À l'aide d'une cuillère, évider la moitié d'avocat restante dans un bol. Jeter la pelure. Piler l'avocat avec une fourchette jusqu'à ce qu'il soit lisse. Vous pouvez aussi transférer l'avocat dans un robot culinaire ou mélangeur et réduire en une purée lisse. Ajouter suffisamment d'eau, de lait maternel ou de préparation pour nourrissons pour délayer la purée à la consistance que l'enfant peut avaler.

CONSERVATION : Les avocats s'oxydent rapidement, brunissant la chair et rendant le fruit amer. Ne pelez que la quantité requise à la fois. Enveloppez toute partie non utilisée dans une pellicule de plastique et réfrigérez jusqu'à l'usage. Avec l'avocat restant, préparez une autre portion de purée ou tranchez-le et faites-vous un sandwich.

ALIMENTS POUR LA CROISSANCE : Les avocats sont une bonne source de folates et de matières grasses monoinsaturées – bénéfiques pour la santé cardiaque et la reproduction des cellules – et de vitamine E, utile pour la peau, le cœur et les muscles de bébé.

6 MOIS

Purée de bananes

Les bananes sont simples à préparer – vous n'avez qu'à retirer la pelure – et regorgent d'éléments nutritifs, ce qui en fait un aliment de choix en tant que premier fruit pour bébé. Si vous utilisez une fourchette pour piler la banane, assurez-vous de bien écraser tous les morceaux si bébé commence à peine à s'habituer aux solides.

1 banane mûre

RENDEMENT : ENVIRON ½ TASSE (4 OZ LIQ./125 ML) DE PURÉE

• Peler la banane, la couper en 3 ou 4 morceaux et les mettre dans un bol. À l'aide d'une fourchette, piler la banane pour obtenir une purée lisse. Vous pouvez aussi la transférer dans un robot culinaire ou mélangeur et la réduire en une purée lisse. Ajouter suffisamment d'eau, de lait maternel ou maternisé pour délayer la purée à la consistance que l'enfant peut avaler.

CONSERVATION : Réfrigérer la purée de bananes dans un contenant hermétique jusqu'à 1 jour ou remplir un plateau à glaçons ou autre contenant de nourriture pour bébé de portions individuelles, couvrir et congeler jusqu'à 3 mois (une légère décoloration peut survenir durant l'entreposage).

ALIMENTS POUR LA CROISSANCE : Célèbres pour leur potassium, qui stimule les influx nerveux et les contractions des muscles, les bananes sont également une excellente source de fibres et une bonne source de vitamine B6, de vitamine C, de calcium et de fer. Utilisez des bananes tout à fait mûres pour vous assurer qu'elles favorisent une bonne digestion (les bananes non mûres peuvent avoir l'effet contraire); de plus, les bananes mûres contiennent davantage d'antioxydants.

Purées composées

Maintenant que bébé s'est suffisamment exercé à manger des aliments simples à ingrédient unique, il est prêt à passer à des saveurs et des textures plus complexes. Ce chapitre propose une panoplie de délicieuses combinaisons qui sauront le mettre en appétit, un facteur important pour l'inciter à manger davantage d'aliments solides.

Au lieu de purées simples, vous pouvez commencer à lui offrir des tourbillons comportant deux ou trois ingrédients. Les soupes, les ragoûts, les pilafs et les risottos simples, faits à partir d'ingrédients multiples, sont également une bonne façon de lui proposer des textures plus épaisses et des saveurs plus intéressantes. Ces combinaisons lui donneront également un coup de pouce nutritionnel puisque le fait de manger une grande variété d'aliments lui procure les éléments nutritifs dont il a besoin pour favoriser sa croissance.

De nouvelles textures et saveurs

Maintenant que bébé mange régulièrement des aliments solides, il est prêt à passer aux purées plus épaisses avec des morceaux. Il est également prêt pour les saveurs plus complexes et c'est le moment idéal pour introduire les combinaisons. À ce stade, vous constaterez peut-être qu'il prend moins de lait au sein ou au biberon, qu'il préfère manger plus d'aliments solides et qu'il est prêt à manger deux repas par jour.

Le repas familial

Si jusqu'ici vous avez tenu bébé à l'écart du repas familial, le moment est venu de le faire manger avec le reste de la famille.

S'il ne mange pas les mêmes aliments que les autres, il peut prendre plaisir à leur compagnie au point d'assimiler quelques bonnes manières et d'apprendre le déroulement du repas. Même s'il n'est pas tout à fait prêt à s'alimenter lui-même, il voudra peut-être tenir sa propre cuillère pendant que vous le nourrissez.

Une explosion de saveurs

À ce stade, vous avez sans doute introduit une variété de céréales, de fruits et de légumes. Le fait de combiner deux ou trois de ces aliments permet à bébé de vivre une expérience nouvelle sur le plan des goûts et des textures et le pousse à essayer de nouvelles choses. Les recettes dans ce chapitre et celui qui précède proposent une quantité de purées polyvalentes qui se prêtent à merveille aux combinaisons.

Lorsque vous combinez les aliments, assurez-vous de jumeler des ingrédients que bébé a déjà goûtés, de manière à minimiser les chances d'échec. S'il n'a jamais goûté à un ingrédient, donnez-lui-en séparément pendant trois à cinq jours avant de le mélanger à autre chose. Vous pouvez également à ce stade ajouter du beurre

L'importance du fer

La déficience en fer est la plus courante chez les poupons et les tout-petits. Cela peut avoir des effets à long terme et il est donc très important que bébé mange suffisamment d'aliments riches en fer.

Votre bébé est né avec ses réserves de fer. Celles-ci s'épuisent toutefois autour de l'âge de six ou sept mois. Pourtant, le fer est essentiel à sa croissance et au développement de son cerveau.

Des aliments riches en fer comme ceux énumérés ci-dessous, procurent le fer dont il a besoin :

- les céréales pour bébé enrichies de fer
- les jaunes d'œufs
- les légumineuses (surtout les lentilles)
- les viandes rouges (l'agneau est riche en fer) et les volailles à viande brune

De plus, donnez-lui beaucoup de fruits et légumes riches en vitamine C. Ceux-ci l'aideront à absorber davantage de fer de ses céréales.

Si vous soupçonnez que votre bébé n'a pas un apport suffisant en fer, parlez-en à votre médecin qui déterminera s'il a besoin d'un complément alimentaire.

ou de l'huile d'olives, des fines herbes ou épices et des aromates doux comme les poireaux. Les viandes en purée sont abordées dans ce chapitre, en commençant par la dinde et l'agneau. La plupart du temps, les purées que vous allez préparer seront lisses mais vous pouvez commencer à expérimenter une texture plus épaisse ou même laisser quelques morceaux. Cela aidera à préparer le palais de bébé aux aliments plus complexes à venir dans les mois qui viennent lorsque vous commencerez à nourrir bébé comme le reste de la famille.

Qu'est-ce qu'on met dans sa tasse ?

C'est le moment idéal d'apprendre à bébé à utiliser une tasse. Le fait de l'encourager à boire à la tasse aux repas dès maintenant rendra le sevrage plus facile ultérieurement. Il aura sans doute besoin de votre aide parce qu'il n'arrivera peut-être pas tout de suite à tenir la tasse tout seul. Vous vous demandez peut-être aussi s'il peut boire du jus. La réponse est non. À l'heure actuelle, il a encore besoin d'une bonne quantité de lait maternel ou maternisé pour pour soutenir une croissance optimale. Attendez donc qu'il soit plus vieux avant de mettre autre chose dans sa tasse.

Les fruits 101

Les fruits sont peut-être les aliments préférés de votre bébé. Assurez-vous de cuire tous les fruits (à l'exception des bananes et des avocats) avant de les lui donner. La cuisson rend les fruits plus digestes et décompose les protéines qui peuvent entraîner des allergies à son âge.

Savoir assaisonner

Votre bébé déguste une multitude de nouvelles saveurs intéressantes à l'heure qu'il est mais il y en a deux dont il peut encore se passer : le sel et le sucre ajoutés. Pensez plutôt à agrémenter sa nourriture avec de petites quantités de fines herbes et d'épices telles que celles énumérées ci-dessous. Assurez-vous de les essayer une à la fois pour détecter une réaction. Si vous en trouvez une qu'il affectionne particulièrement, cela pourrait vous être utile plus tard pour l'inciter à manger une variété d'aliments. L'utilisation de fines herbes et d'épices fraîches et séchées est également une façon d'éduquer et de raffiner le palais.

FINES HERBES

Basilic, ciboulette, coriandre fraîche, aneth, marjolaine, menthe, origan, persil, romarin, sauge, estragon, thym.

ÉPICES

Piment de la Jamaïque, cardamome, ail, cannelle, cari doux, fenouil, gingembre, muscade, paprika doux, curcuma, vanille

Votre bébé peut manger la plupart des fruits mais ce n'est pas une mauvaise idée d'attendre son premier anniversaire avant de lui donner des agrumes; ceux-ci peuvent provoquer de l'érythème fessier. Selon la sensibilité de son système digestif, il se peut également que le fait de peler les fruits et légumes les rende plus digestes pour lui.

Tourbillon d'automne

Ce joli tourbillon de betteraves et de pommes de terre est une combinaison réconfortante et délicieuse pour bébé. Les betteraves fraîches sont naturellement sucrées et une bonne source de folates, de potassium, de fibres et d'antioxydants pour prévenir les maladies. Choisissez de jeunes betteraves si possible; elles ont tendance à être plus sucrées avec une texture moins rugueuse que les betteraves matures.

7 À 8 MOIS

1 botte de jeunes betteraves, environ 1 lb (500 g) au total, parées et brossées

1 pomme de terre Russet, brossée

RENDEMENT : ENVIRON 1½ TASSE (12 OZ LIQ./375 ML) DE PURÉE

- Préchauffer le four à 375°F (190°C). Mettre les betteraves dans un petit plat de cuisson et ajouter de l'eau jusqu'à hauteur de ½ po (12 mm). Couvrir avec du papier d'aluminium. Piquer la pomme de terre en plusieurs endroits avec une fourchette et mettre sur une petite plaque à pâtisserie. Mettre les betteraves et la pomme de terre au four et cuire 45 – 60 minutes ou jusqu'à ce qu'elles soient très tendres. Retirer du four et laisser refroidir.

- Peler les betteraves et la pomme de terre et couper en morceaux; jeter les pelures. Mettre la pomme de terre dans un robot culinaire ou mélangeur et réduire en purée, en ajoutant un peu d'eau, de lait maternel ou de préparation pour nourrissons pour obtenir une consistance lisse. Transférer la purée de pomme de terre dans un bol.

- Mettre les betteraves dans un robot culinaire ou mélangeur et réduire en purée, en ajoutant encore une fois un peu de liquide pour obtenir une consistance lisse. Transférer dans un autre bol. Pour servir, disposer les deux purées dans le bol de bébé en les faisant tourbillonner l'une dans l'autre.

CONSERVATION : Réfrigérer les purées séparément dans des contenants hermétiques jusqu'à 3 jours ou remplir un plateau à glaçons ou autre contenant de nourriture pour bébé de portions individuelles, couvrir et congeler jusqu'à 3 mois.

UN BRIN DE VARIÉTÉ : Voici une autre combinaison facile alliant des saveurs complémentaires : ajoutez la purée de betteraves à celle de patates douces (page 33) ou simplement à une patate douce pilée.

Purées de fruits simples à préparer

Les purées de fruits sont un premier aliment pour bébé des plus pratiques. Elles sont faciles à préparer et se congèlent bien. Cela vous permet au dernier moment de les servir en collation rapide ou de les mélanger à des céréales ou à des purées de viande ou de légumes. On obtient également des purées délicieuses et saines en utilisant des fruits séchés surgelés de bonne qualité, emballés lorsqu'ils sont à leur meilleur.

Purée de pêches mûres

4 pêches ou nectarines mûres, environ 2 lb (1 kg) au total, coupées en deux et dénoyautées

RENDEMENT : ENVIRON 2 TASSES (16 OZ LIQ./500 ML) DE PURÉE

- Verser de l'eau dans une grande casserole à hauteur de 1 po (2,5 cm). Mettre les pêches dans une marguerite et déposer celle-ci dans la casserole. Porter à ébullition à feu vif. Couvrir et étuver 4 – 5 minutes ou jusqu'à ce que les pêches soient très tendres sans se désagréger.

- Retirer du feu et retirer la marguerite de la casserole. Laisser les pêches refroidir, puis enlever et jeter les pelures. Transférer les pêches dans un robot culinaire ou mélangeur et réduire en une purée lisse.

Purée de cerises et de bleuets

1 tasse (4 oz/125 g) de bleuets frais ou surgelés

1 tasse (4 oz/125 g) de cerises sucrées dénoyautées, fraîches ou surgelées

RENDEMENT : ENVIRON ¾ TASSE (6 OZ LIQ./180 ML) DE PURÉE

- Combiner les bleuets et les cerises dans un robot culinaire ou mélangeur et réduire en une purée lisse. Pour enlever les pelures, si désiré, couler la purée dans un tamis fin au-dessus d'une casserole, en pressant les fruits avec une spatule en caoutchouc pour extraire le maximum de pulpe et de jus. Jeter les pelures.

- Mettre la casserole sur feu moyen-doux et cuire environ 4 minutes, en remuant souvent, jusqu'à ce que la purée soit chauffée et épaissie. Retirer du feu et laisser refroidir complètement avant de servir.

Purée de fruits séchés

1 tasse (6 oz/185 g) d'abricots séchés ou de pruneaux

RENDEMENT : ENVIRON 1¼ TASSE (10 OZ LIQ./310 ML) DE PURÉE

- Dans une casserole à feu moyen-vif, combiner les abricots ou les pruneaux et 1 tasse (8 oz liq./250 ml) d'eau. Porter à ébullition. Réduire à feu doux, couvrir partiellement et laisser mijoter environ 10 minutes ou jusqu'à ce que les fruits soient tendres et faciles à transpercer avec une fourchette. Filtrer les fruits dans un tamis fin au-dessus d'un bol, en réservant le liquide de cuisson. Laisser refroidir.

- Transférer les fruits refroidis dans un robot culinaire ou mélangeur et réduire en une purée lisse. Ajouter suffisamment de liquide de cuisson, de lait maternel ou de préparation pour nourrissons pour délayer la purée à la consistance que l'enfant peut avaler.

Purée de prunes

6 prunes, environ 2 lb (1 kg) au total, coupées en deux et dénoyautées

RENDEMENT : ENVIRON 2 TASSES (16 OZ LIQ./500 ML) DE PURÉE

- Verser de l'eau dans une grande casserole à hauteur de 1 po (2,5 cm). Mettre les prunes dans une marguerite et déposer celle-ci dans la casserole. Porter à ébullition à feu vif. Couvrir et étuver environ 4 minutes jusqu'à ce que les prunes soient tendres sans se désagréger.

- Retirer du feu et retirer la marguerite de la casserole. Laisser les prunes refroidir, puis enlever et jeter les pelures. Transférer les prunes dans un robot culinaire ou mélangeur et réduire en une purée lisse.

CONSERVATION : Vous pouvez réfrigérer ces purées de fruits refroidies dans un contenant hermétique jusqu'à 3 jours ou remplir un plateau à glaçons ou autre contenant de nourriture pour bébé de portions individuelles, couvrir et congeler jusqu'à 3 mois.

Jus frappé aux fruits d'été

Dès que bébé a commencé à goûter à différents fruits, vous pouvez commencer à préparer vos propres jus de fruits frappés. Assurez-vous de n'y mettre que des fruits ou purées que vous avez déjà servis auparavant. Pour une texture épaisse et crémeuse, vous pouvez congeler la banane avant de mélanger et servir le mélange glacé à bébé avec une cuillère.

1 banane refroidie

1 nectarine

½ tasse (2 oz/125 ml) de bleuets congelés

½ tasse (4 oz liq./125 ml) de jus de pomme ou plus au besoin

RENDEMENT : ENVIRON
1 1/3 TASSE (11 OZ LIQ./340 ML)
DE JUS FRAPPÉ

- Peler et trancher la banane. Peler, dénoyauter la nectarine et la couper en morceaux. Dans un mélangeur, combiner la banane, la nectarine, les bleuets et ½ tasse (4 oz liq./125 ml) de jus de pomme et mélanger pour obtenir un mélange lisse. Ajouter plus de jus de pomme au besoin pour obtenir une consistance que l'enfant peut avaler.

- Pour enlever les pelures, si désiré, filtrer le mélange dans un tamis fin au-dessus d'un bol, en pressant avec une spatule en caoutchouc pour extraire le plus de pulpe et de jus possible. Jeter les pelures.

CONSERVATION : Réfrigérer dans un contenant hermétique jusqu'à 3 jours ou remplir un plateau à glaçons ou autre contenant de nourriture pour bébé de portions individuelles, couvrir et congeler jusqu'à 3 mois.

UN BRIN DE VARIÉTÉ : En utilisant la banane comme base pour conférer au mélange douceur et corps, on peut combiner une multitude de fruits pour régaler bébé. Remplacez la nectarine et les bleuets par une purée de pêches mûres (page 44), une purée d'abricots (page 45), une purée de cerises et de bleuets (page 44) ou la moitié d'un avocat mûr pelé et dénoyauté. Dès que vous aurez introduit le yogourt, vous pouvez ajouter ¾ tasse (2 oz/60 g) de yogourt nature de lait entier au mélangeur pour donner une texture crémeuse.

Les superaliments pour bébé

À cet âge, le petit bedon de bébé ne peut pas contenir beaucoup de nourriture et chaque bouchée compte. Vous pouvez lui fournir le meilleur rapport énergie-nutrition qui soit en vous concentrant sur les aliments remplis de vitamines, de minéraux, d'acides aminés, de gras et de substances phytochimiques pour alimenter son corps et son cerveau en croissance.

Viandes et volaille

BŒUF : Une excellente source de fer et de vitamine B12 utilisée pour produire de nouvelles cellules.

POULET : Une bonne source de protéines maigres de haute qualité pour soutenir la croissance de bébé.

AGNEAU : Une excellente source de fer, de vitamines B, et de zinc qui favorise un système immunitaire fort.

DINDE : Remplie de sélénium qui fortifie le système immunitaire de bébé et favorise la croissance et le développement des cellules; la viande brune est également une excellente source de fer.

Légumineuses

HARICOTS SECS (TELS QUE HARICOTS ROUGES, BLANCS, PINTO, POIS CHICHES) : Une excellente source de protéines végétales.

LENTILLES : Une des meilleures sources de protéines parmi les légumineuses et une source de folates.

POIS CASSÉS (JAUNES OU VERTS) : Une façon simple et rapide d'ajouter des protéines dans l'assiette de bébé.

Céréales

ORGE : Remplie de minéraux, particulièrement le sélénium qui fortifie le système immunitaire.

RIZ BRUN : Puisqu'il est non blanchi, il conserve plus d'éléments nutritifs tels que le manganèse, un minéral qui aide bébé à convertir les protéines et glucides en énergie.

MILLET : Une céréale facile à digérer qui contient du phosphore pour fortifier les os et les dents.

QUINOA : Riche en protéines ainsi qu'en lysine, un acide aminé qui favorise la croissance des tissus.

Légumes

ASPERGES : Une excellente source de folates, un élément essentiel à la production de nouvelles cellules et de tissus.

POTIRONS : Remplis d'éléments phyto-chimiques comme l'alphacarotène et le bêtacarotène pour combattre les maladies, en plus de la zéaxanthine et de la lutéine pour la santé oculaire.

ÉPINARDS (POUR LES BÉBÉS DE PLUS DE 7 MOIS) : Une des meilleures sources naturelles de vitamine K en plus d'être une bonne source de folates et d'autres vitamines B.

PATATES DOUCES : Regorgent de vitamines A et C.

Fruits

ABRICOTS : Fournit du bêtacarotène et de la vitamine A pour un système immunitaire en santé.

AVOCATS : Une excellente source de gras monoinsaturés pour la santé cardiaque et de vitamine K essentielle à la coagulation sanguine.

BANANES : Contiennent la pectine, une fibre soluble qui régule la digestion pour prévenir la diarrhée et la constipation.

BLEUETS : Remplis d'antioxydants pour combattre les maladies, plus de la vitamine C pour protéger contre les infections.

PRUNES : Contiennent une bonne dose de vitamine C, ce qui aide bébé à absorber plus de fer.

Éléments nutritifs

Bébé a également besoin d'autres éléments nutritifs pour son développement.

GLUCIDES : Un carburant qui fournit de l'énergie à bébé; ils sont présents dans les légumes, les fruits, les céréales et les haricots.

GRAS : Un fournisseur d'énergie pour soutenir la croissance; la moitié des calories devrait provenir des gras; ils sont présents dans le lait maternel ou maternisé, les huiles, les produits laitiers, les viandes et les avocats.

ÉLÉMENTS PHYTOCHIMIQUES : Ces substances végétales aident à combattre les maladies; vous les trouverez dans les fruits, les céréales, les légumes, les haricots.

PROTÉINES : Pour fortifier les os, les dents, la peau et les muscles; vous les trouverez dans le poisson, les produits laitiers, le lait maternel ou maternisé, les viandes, la volaille et les haricots.

7 À 8 MOIS

Guacamole pour bébé

Les avocats sont une bonne source de folates et de gras sains; leur goût neutre et leur consistance crémeuse en font un aliment idéal à servir comme première nourriture. Si vous utilisez des concombres anglais biologiques, qui ne sont pas paraffinés et ont de petits pépins, vous pouvez sauter l'étape de les peler et de les épépiner.

7 À 8 MOIS

1 gros avocat mûr

½ tasse (2½ oz/75 g) de concombres pelés et épépinés

¼ c. à thé de cumin moulu

RENDEMENT : ENVIRON ¾ TASSE (6 OZ LIQ./180 ML) DE GUACAMOLE

- Couper l'avocat en deux sur la longueur en contournant le noyau. Tourner les deux moitiés à contresens pour les séparer. Retirer et jeter le noyau. À l'aide d'une cuillère, prélever la chair et la mettre dans un robot culinaire ou mélangeur en jetant les pelures.

- Utiliser les gros trous d'une râpe pour râper le concombre, puis l'ajouter au robot culinaire ou mélangeur avec le cumin. Réduire en une purée lisse ou plus grossière dépendant de l'âge de l'enfant et de son habileté à mastiquer. Ajouter suffisamment d'eau, de lait maternel ou de préparation pour nourrissons pour délayer la purée jusqu'à la consistance que l'enfant peut avaler.

CONSERVATION : Réfrigérer dans un contenant hermétique jusqu'à 1 jour (une légère décoloration peut survenir durant l'entreposage).

ALIMENTS POUR LA CROISSANCE : Les avocats sont riches en gras monoinsaturés qui favorisent le développement du cerveau et du système nerveux central. Ils contiennent également une quantité de potassium supérieure aux bananes ainsi qu'une dose appréciable de lutéine, un antioxydant naturel qui favorise la santé de la peau et des yeux. Les avocats mûrs sont d'une couleur uniforme et cèdent très légèrement à une pression douce. Si vous achetez des avocats durs, laissez-les mûrir à la température de la pièce dans un sac de papier.

Agneau pour bébé

La côtelette d'agneau est une coupe tendre et maigre avec un goût léger et un apport particulièrement élevé en fer, ce qui en fait un bon choix comme première viande pour bébé. De plus, les risques de provoquer une réaction allergique sont moindres qu'avec le poulet ou le bœuf. Essayez de mélanger l'agneau avec une purée de fruits telle que la compote de pommes (page 22) ou la purée de prunes (page 45).

7 À 8 MOIS

Huile d'olive pour graisser

1 bifteck ou côtelette d'agneau d'environ 6 oz (185 g) et d'une épaisseur de 1 po (2,5 cm), paré

RENDEMENT : ENVIRON ¾ TASSE (6 OZ/185 G) D'AGNEAU

- Préchauffer le four à 400°F (200°C). Tapisser un petit plat à rôtir de papier d'aluminium. Huiler légèrement une grille et la mettre dans le plat préparé. Mettre l'agneau sur la grille. Rôtir au four 12 – 14 minutes en tournant une fois jusqu'à ce que la viande soit opaque de part en part et ait perdu sa teinte rosée. Retirer du four et laisser refroidir.

- À l'aide d'un gros couteau aiguisé, hacher l'agneau grossièrement puis transférer dans un robot culinaire ou mélangeur et actionner 1 minute. Pendant que le moteur est en marche, ajouter ¼ tasse (2 oz liq./60 ml) d'eau. Réduire en une purée lisse et pâteuse. Ajouter suffisamment d'eau, de lait maternel ou de préparation pour nourrissons pour délayer la purée jusqu'à la consistance que l'enfant peut avaler.

CONSERVATION : Réfrigérer dans un contenant hermétique jusqu'à 2 jours ou remplir un plateau à glaçons ou autre contenant de nourriture pour bébé de portions individuelles, couvrir et congeler jusqu'à 1 mois.

ALIMENTS POUR LA CROISSANCE : Lorsque vous achetez de l'agneau, choisissez des viandes biologiques ou d'élevage naturel d'une teinte rosée à rouge pâle avec peu de gras. Retranchez tout excédant de gras (ou demandez au boucher de le faire) avant la cuisson. Le fait de cuire la viande, puis de la réduire en purée permet de décomposer les fibres et les tissus conjonctifs, ce qui facilite la digestion et l'absorption de riches réserves de protéines et de fer.

Bouillon de légumes

Une fois que bébé aura goûté à tous ces légumes, vous pouvez les faire mijoter pour préparer un bouillon simple qui servira à cuisiner ses repas. Ce bouillon est une façon simple d'ajouter des vitamines et des minéraux aux purées, au riz et aux céréales sans l'inconvénient de devoir ajouter du sel. Si vous achetez des carottes et des pommes de terre biologiques, brossez-les à fond et utilisez-les avec la pelure.

1 patate douce ou igname, pelée et coupée en morceaux

1 carotte, pelée et coupée en morceaux

1 poireau, coupé en deux sur la longueur, tranché finement sur la largeur et rincé à fond

2 tiges de persil italien frais

RENDEMENT : ENVIRON 3 TASSES (24 OZ LIQ./750 ML) DE BOUILLON

- Dans une casserole, combiner la patate douce, la carotte, le poireau, le persil et 5 tasses (40 oz liq./1,25 litre) d'eau. Porter à ébullition à feu vif. Réduire le feu à doux, couvrir et laisser mijoter doucement 35 – 45 minutes, jusqu'à ce que les légumes soient très tendres et le liquide de cuisson légèrement parfumé et coloré. Retirer du feu et laisser refroidir.

- Filtrer le bouillon dans un tamis fin au-dessus d'un bol. (Réserver les légumes pour les réduire en purée ou les piler pour bébé.) Servir le bouillon tiède ou à la température de la pièce dans une tasse ou une bouteille et/ou laisser refroidir complètement et conserver pour usage ultérieur.

CONSERVATION : Réfrigérer dans un contenant hermétique jusqu'à 3 jours ou remplir un plateau à glaçons ou autre contenant de nourriture pour bébé de portions individuelles, couvrir et congeler jusqu'à 3 mois.

ALIMENTS POUR LA CROISSANCE : Si vous manquez de temps, on trouve facilement des bouillons biologiques de bonne qualité dans des cartons aseptisés au supermarché et dans les boutiques d'aliments naturels. Contrairement au produit maison, le bouillon préparé peut être très salé et il faut porter une attention particulière à l'étiquette pour choisir un produit pauvre en sel à base d'ingrédients que vous connaissez. Vous pouvez diluer un bouillon acheté avec de l'eau pour lui donner un goût plus léger.

Soupe aux lentilles rouges et au riz

Les lentilles et le riz brun sont une combinaison nutritive et riche en protéines. De plus, les lentilles ont l'avantage supplémentaire d'être riches en folates. Vous pouvez préparer cette soupe à la consistance que bébé peut avaler. Les bébés plus âgés peuvent la préférer avec un peu de poulet (page 92) ajouté.

2 ¾ tasses (22 oz liq./680 ml) de bouillon de légumes maison (page 53), bouillon de légumes du commerce pauvre en sel ou eau

1/3 tasse (2½ oz/75 g) de riz brun

½ tasse (3½ oz/105 g) de lentilles rouges, triées et rincées

RENDEMENT : ENVIRON 1 ½ TASSE (12 OZ LIQ./375 ML) DE SOUPE

- Dans une casserole à feu moyen-vif, faire mijoter le bouillon. Ajouter le riz et les lentilles. Réduire à feu doux, couvrir et laisser mijoter doucement 30 – 35 minutes, jusqu'à ce que le riz soit tendre, les lentilles très molles et faciles à écraser avec une cuillère et le liquide presque complètement absorbé. (Le mélange continuera d'absorber le liquide en refroidissant.) Retirer du feu et laisser tiédir.

- Transférer le mélange de lentilles et riz dans un robot culinaire ou mélangeur et réduire en une purée lisse. Réduire à une consistance lisse ou plus grossière dépendant de l'âge de l'enfant et de son habileté à mastiquer ou ajouter suffisamment de bouillon ou d'eau pour délayer la soupe jusqu'à la consistance qu'il peut avaler. Servir tiède ou à la température de la pièce.

CONSERVATION : Réfrigérer dans un contenant hermétique jusqu'à 3 jours ou remplir un plateau à glaçons ou autre contenant de nourriture pour bébé de portions individuelles, couvrir et congeler jusqu'à 3 mois.

UN BRIN DE VARIÉTÉ : Essayez le riz brun à grain court qui a une consistance plus molle que le riz à grain long. Vous pouvez également préparer la soupe avec des lentilles jaunes ou des pois cassés verts. Lorsque bébé est prêt, ajoutez une pincée de coriandre ou de cumin pour plus de goût.

7 À 8 MOIS

Soupe aux pois cassés

Les pois cassés ont un goût charnu savoureux et se prêtent bien à la préparation de purées et de soupes pour les premiers repas de bébé. On n'a pas besoin de les faire tremper comme la plupart des haricots secs parce que les pois ont été séchés et coupés en deux. Le goût de terroir du panais et la douceur familière de la pomme ajoutent à l'attrait de cette soupe consistante pour bébé.

7 À 8 MOIS

1 petit panais ou pomme de terre, environ 4 oz (125 g), pelé

1 pomme sucrée ou poire mûre, environ 8 oz (250 g), pelée et évidée

½ tasse (3½ oz/105 g) de pois cassés, triés et rincés

2 ½ tasses (20 oz liq./625 ml) de bouillon de légumes maison (page 53), bouillon de légumes du commerce pauvre en sel ou eau, et un peu plus au besoin

RENDEMENT : ENVIRON 2¼ TASSES (18 OZ LIQ./560 ML) DE SOUPE

- Utiliser les gros trous d'une râpe pour râper le panais et la pomme. Dans une casserole à feu moyen, combiner le panais et la pomme râpés, les pois cassés et le bouillon. Couvrir et laisser mijoter environ 1 heure ou jusqu'à ce que les pois soient très tendres et aient perdu leur apparence granuleuse. Si les pois semblent se dessécher et ne sont pas encore tendres, ajouter un peu de bouillon au besoin. Retirer du feu et laisser tiédir.

- Transférer la préparation dans un robot culinaire ou mélangeur et réduire en une purée lisse ou grossière dépendant de l'âge de l'enfant et de son habileté à mastiquer. Ajouter au besoin du bouillon ou de l'eau pour délayer la soupe jusqu'à la consistance que l'enfant peut avaler. Servir tiède ou à la température de la pièce.

CONSERVATION : Réfrigérer dans un contenant hermétique jusqu'à 3 jours ou remplir un plateau à glaçons ou autre contenant de nourriture pour bébé de portions individuelles, couvrir et congeler jusqu'à 3 mois.

PRÉPARER POUR CONSERVER : Préparez une recette double ou triple de cette soupe si vous avez le temps et l'énergie. Elle se conserve à merveille au congélateur et vous pouvez la servir à toute la famille. Les pois cassés contiennent le double des protéines et des fibres des pois réguliers et il en va de même des lentilles. Utilisez des pois cassés jaunes ou remplacez-les par toute variété de lentille, si vous préférez.

Risotto crémeux au potiron

On ne pense pas à servir un risotto à un bébé, en raison de sa réputation de plat sophistiqué. Pourtant, un risotto doux et crémeux est un plat dont bébé raffolera. Cette variante simplifiée n'a pas besoin d'être remuée sans cesse, est facile à préparer et délicieuse pour toute la famille. Vous n'avez qu'à doubler la recette et à servir du parmesan râpé à table pour les adultes.

½ tasse (3½ oz/105 g) de riz arborio ou riz à grain court

1 ½ tasse (12 oz liq./375 ml) de bouillon de légumes maison (page 53), bouillon de légumes du commerce pauvre en sel ou eau

1 c. à thé de beurre non salé

½ tasse (4 oz liq./125 ml) de purée de courge musquée (page 35) ou purée de potiron en conserve

une pincée de muscade râpée

RENDEMENT : ENVIRON 2 TASSES (10 OZ/315 G) DE RISOTTO

- Dans une casserole, à feu moyen-vif, combiner le riz et le bouillon et porter à ébullition. Réduire à feu doux, couvrir et laisser mijoter doucement environ 20 minutes, en remuant à l'occasion, jusqu'à ce que le liquide soit absorbé et le riz tendre et crémeux. Retirer du feu et laisser reposer 10 minutes à couvert.

- Incorporer le beurre, la purée de courge et la muscade au riz. Dépendant de l'âge de l'enfant et de son habileté à mastiquer, on peut transférer le risotto dans un robot culinaire ou mélangeur et le réduire à une consistance lisse ou grossière. On peut également ajouter du bouillon ou de l'eau au besoin pour délayer la purée jusqu'à la consistance qu'il peut avaler. Servir tiède ou à la température de la pièce.

CONSERVATION : Réfrigérer dans un contenant hermétique jusqu'à 3 jours ou remplir un plateau à glaçons ou autre contenant de nourriture pour bébé de portions individuelles, couvrir et congeler jusqu'à 3 mois.

ALIMENTS POUR LA CROISSANCE : Les courges d'hiver à texture lisse comme les courges musquées et les potirons sont parmi les premiers légumes préférés de bébé. Ils sont remplis de fibres et de nutriments essentiels comme les vitamines A et C. Achetez-les lorsqu'on en trouve en abondance aux marchés publics ou chez les maraîchers et conservez-les dans un endroit frais et sec.

Risotto vert printanier

Ce risotto facile à préparer regorge de légumes printaniers tendres et riches en vitamines, en minéraux, en fibres et en éléments phytochimiques (qui aident à combattre les maladies). Le risotto à grain court produit une consistance douce et crémeuse qui est idéale pour initier bébé aux textures alimentaires. Vous pouvez doubler la quantité de purée de légumes et la congeler pour un autre repas.

4 pointes d'asperges, les bouts durs retranchés

1 petite courgette, en tranches de ¼ po (6 mm)

½ tasse (2½ oz/75 g) de pois frais ou surgelés

½ tasse (3½ oz/105 g) de riz arborio ou riz à grain court

1½ tasse (12 oz liq./375 ml) de bouillon de légumes maison (page 53), bouillon de légumes du commerce pauvre en sel ou eau

1 c. à thé de beurre non salé

RENDEMENT : ENVIRON 2 TASSES (16 OZ/500 G) DE RISOTTO

- Verser de l'eau dans une grande casserole à hauteur de 1 po (2,5 cm). Mettre les asperges et la courgette dans une marguerite. Si les pois sont frais, les ajouter maintenant. Déposer la marguerite dans la casserole. Porter à ébullition à feu vif. Couvrir et étuver 6 – 8 minutes, jusqu'à ce que les légumes soient très tendres. Si les pois sont surgelés, les ajouter après 5 minutes de cuisson. Transférer les légumes étuvés dans un robot culinaire ou mélangeur et réduire en une purée lisse, en ajoutant un peu d'eau au besoin pour obtenir la consistance voulue. Réserver.

- Dans une casserole à feu moyen-vif, combiner le riz et le bouillon et porter à ébullition. Réduire à feu doux, couvrir et laisser mijoter doucement environ 20 minutes, en remuant à l'occasion, jusqu'à ce que le liquide soit absorbé et le riz tendre et crémeux. Retirer du feu et laisser reposer 10 minutes à couvert.

- Incorporer le beurre et la purée de légumes au riz. Dépendant de l'âge de l'enfant et de son habileté à mastiquer, on peut transférer le risotto dans un robot culinaire ou mélangeur et le réduire à une consistance lisse ou grossière. On peut également ajouter du bouillon ou de l'eau au besoin pour délayer la purée jusqu'à la consistance que l'enfant peut avaler. Servir tiède ou à la température de la pièce.

  CONSERVATION : Réfrigérer dans un contenant hermétique jusqu'à 3 jours ou remplir un plateau à glaçons ou autre contenant de nourriture pour bébé de portions individuelles, couvrir et congeler jusqu'à 3 mois.

Ragoût de légumes-racines

Voici le ragoût parfait – sucré avec une texture veloutée et une gamme subtile de saveurs – pour les bébés qui sont prêts à manger une panoplie de légumes-racines. Le panais et la muscade lui confèrent une saveur chaude et légèrement épicée – un complément délicieux au repas d'Action de grâce pour bébé (page 67).

1 c. à thé d'huile d'olive

2 carottes, pelées et coupées en morceaux de 1 po (2,5 cm)

2 pommes de terre jaunes telles que Yukon Gold, pelées et coupées en morceaux de 1 po (2,5 cm)

1 panais, pelé et coupé en morceaux de 1 po (2,5 cm)

1½ tasse (12 oz liq./375 ml) de bouillon de légumes maison (page 53), bouillon de légumes du commerce pauvre en sel ou eau

une pincée de muscade râpée

RENDEMENT : ENVIRON 2 TASSES (16 OZ LIQ./500 ML) DE RAGOÛT

- Dans une casserole à feu moyen-vif, chauffer l'huile d'olive. Ajouter les carottes, les pommes de terre et le panais et cuire environ 5 minutes, en remuant souvent, jusqu'à ce que les pommes de terre et le panais commencent à dorer. Ajouter le bouillon et la muscade et porter à ébullition. Réduire à feu moyen, couvrir et laisser mijoter doucement 25 – 30 minutes, jusqu'à ce que les légumes soient très tendres.

- Transférer le mélange de légumes dans un robot culinaire ou mélangeur et réduire en une purée lisse. Réduire à une consistance lisse ou plus grossière dépendant de l'âge de l'enfant et de son habileté à mastiquer ou ajouter suffisamment de bouillon ou d'eau pour délayer le ragoût jusqu'à la consistance qu'il peut avaler. Servir tiède ou à la température de la pièce.

CONSERVATION : Réfrigérer dans un contenant hermétique jusqu'à 3 jours ou remplir un plateau à glaçons ou autre contenant de nourriture pour bébé de portions individuelles, couvrir et congeler jusqu'à 3 mois.

ALIMENTS POUR LA CROISSANCE : Plus la couleur de la chair est foncée, plus la pomme de terre contient des antioxydants bons pour la santé. Les pommes de terre jaunes telles la Yukon Gold et la Yellow Finn sont donc un bon choix pour bébé – et elles ont de plus l'avantage de produire une purée exceptionnellement crémeuse.

Tourbillon de brocoli et chou-fleur

Cette purée crémeuse verte et blanche de brocoli et de chou-fleur est remplie de vitamines, de minéraux et d'antioxydants. Ce plat nutritif deviendra à coup sûr un mets préféré en raison de la popularité de ces ingrédients auprès des bébés et des tout-petits. Ajoutez-y un peu de beurre et de parmesan râpé pour le compléter.

7 À 8 MOIS

1 tasse (4 oz/125 g) de fleurons de brocoli, hachés

1 tasse (4 oz/125 g) de chou-fleur haché

RENDEMENT : ENVIRON 2 TASSES (16 OZ LIQ./500 ML) DE PURÉE

- Porter à ébullition une casserole remplie d'eau aux trois quarts à feu vif. Ajouter le chou-fleur et cuire 10 – 12 minutes, jusqu'à tendreté. À l'aide d'une cuillère à égoutter, transférer le chou-fleur dans un bol. Ajouter le brocoli à l'eau bouillante et cuire 5 – 9 minutes, jusqu'à tendreté. Égoutter en réservant un peu de liquide de cuisson.

- Mettre le chou-fleur dans un robot culinaire ou mélangeur et réduire en purée, en ajoutant un peu du liquide de cuisson réservé au besoin pour une consistance plus lisse. Transférer dans un bol. Mettre le brocoli dans le robot culinaire ou mélangeur et réduire en purée, de nouveau en ajoutant au besoin un peu de liquide de cuisson. Transférer dans un autre bol. Pour servir, disposer les deux purées dans le bol de l'enfant en les faisant tourbillonner l'une dans l'autre.

CONSERVATION : Réfrigérer dans un contenant hermétique jusqu'à 3 jours ou remplir un plateau à glaçons ou autre contenant de nourriture pour bébé de portions individuelles, couvrir et congeler jusqu'à 3 mois.

UN BRIN DE VARIÉTÉ : Lorsque bébé est assez grand pour manipuler la nourriture, coupez le brocoli et le chou-fleur en petits fleurons juste de la bonne taille pour l'exercer à les ramasser. Assurez-vous de retrancher les queues trop épaisses pour sa petite bouche. Faites-les bouillir ou étuver jusqu'à tendreté et mélangez-les ensemble dans le bol de service avec du beurre et du parmesan pour faire un mélange goûteux et coloré.

Haricots verts en casserole pour bébé

Avec leurs arômes du terroir et leur texture veloutée, les champignons et les haricots verts plaisent à bébé dès sa première année. On néglige souvent l'apport nutritif des champignons qui sont pourtant une source de vitamines B, de riboflavine et de niacine; il en va de même des poireaux qui, entre autres avantages, aident à équilibrer le taux de cholestérol.

Une petite poignée de haricots verts (environ 2 oz/60 g), parés

2 c. à thé d'huile d'olive

1 c. à soupe de poireau émincé, la partie blanche seulement

2 oz (60 g) de champignons blancs, brossés pour les nettoyer et coupés finement en dés (environ ¾ tasse)

1/3 tasse (2½ oz/75 g) d'orge perlé

1½ tasse (12 oz liq./375 ml) de bouillon de légumes maison (page 53), bouillon de légumes du commerce pauvre en sel ou eau

¼ c. à thé de thym séché

RENDEMENT : ENVIRON 1½ TASSE (12 OZ/375 G)

- Verser de l'eau dans une casserole à hauteur de 1 po (2,5 cm). Mettre les haricots dans une marguerite et déposer celle-ci dans la casserole. Porter à ébullition à feu vif. Couvrir et étuver environ 5 minutes ou jusqu'à tendreté. Retirer du feu et retirer la marguerite de la casserole. Transférer les haricots sur une planche à découper, hacher grossièrement et réserver.

- Dans une casserole à feu moyen-vif, faire chauffer l'huile d'olive. Ajouter le poireau et les champignons et faire revenir 3 – 5 minutes, jusqu'à ce que les champignons tombent et rendent leur eau. Ajouter l'orge et cuire 1 minute en remuant pour l'enrober d'huile et de jus. Ajouter le bouillon et le thym et faire mijoter. Réduire à feu doux, couvrir et laisser mijoter doucement 35 – 40 minutes ou jusqu'à ce que l'orge soit tendre et ait absorbé presque tout le liquide.

- Incorporer les haricots verts dans le mélange à l'orge. Transférer la préparation dans un robot culinaire ou mélangeur et réduire en une purée lisse. Réduire à une consistance lisse ou plus grossière dépendant de l'âge de l'enfant et de son habileté à mastiquer ou ajouter suffisamment de bouillon ou d'eau pour délayer la purée jusqu'à la consistance qu'il peut avaler. Servir tiède ou à la température de la pièce.

  CONSERVATION : Réfrigérer dans un contenant hermétique jusqu'à 3 jours ou remplir un plateau à glaçons ou autre contenant de nourriture pour bébé de portions individuelles, couvrir et congeler jusqu'à 3 mois.

7 À 8 MOIS

Betteraves, courges et quinoa

Le quinoa est une graine au goût léger provenant de l'Amérique du Sud. Il procure des protéines complètes. En cuisant, il produit des perles rondes et tendres avec une texture agréable sous la dent, ce qui en fait une variante intéressante au riz. Vous le trouverez au rayon des produits naturels ou en vrac dans la plupart des supermarchés.

7 À 8 MOIS

¼ de courge musquée ou autre courge d'hiver, environ 4 oz (125 g), épépinée

2 – 3 jeunes betteraves, environ 4 oz (125 g) au total, parées et brossées

½ tasse (4 oz liq./125 g) de quinoa

2 c. à thé d'huile d'olive

1¼ tasse (10 oz liq./310 ml) de bouillon de légumes maison (page 53), bouillon de légumes du commerce pauvre en sel ou eau

RENDEMENT : ENVIRON 2 TASSES (16 OZ/500 G)

- Préchauffer le four à 375°F (190°C). Mettre la courge, côté coupé vers le bas, dans un plat de cuisson peu profond et ajouter de l'eau à hauteur de ¼ po (6 mm). Mettre les betteraves dans un autre plat de cuisson et ajouter de l'eau à hauteur de ½ po (12 mm). Couvrir chaque plat soigneusement de papier d'aluminium et rôtir au four 45 – 60 minutes ou jusqu'à ce que les courges et les betteraves soient très tendres. Retirer du four et laisser refroidir. Prélever la chair de la courge et la transférer dans un robot culinaire ou mélangeur, en jetant la pelure. Réduire en une purée lisse. Ajouter suffisamment d'eau pour délayer la purée jusqu'à la consistance que l'enfant peut avaler. Transférer dans un bol et réserver. Répéter la procédure pour peler les betteraves et les réduire en purée; réserver.

- Rincer le quinoa à l'eau courante froide et égoutter à fond. Dans une casserole à feu moyen-vif, chauffer l'huile d'olive. Ajouter le quinoa, remuer pour l'enduire d'huile, puis ajouter le bouillon et porter à ébullition. Réduire le feu à moyen-doux, couvrir et laisser mijoter environ 20 minutes jusqu'à ce que le liquide soit absorbé et les céréales tendres. Retirer du feu et laisser reposer 5 minutes à couvert.

- Égrener le quinoa avec une fourchette et incorporer les purées de légumes en les faisant tourbillonner l'une dans l'autre. Retourner le mélange au robot culinaire ou mélangeur au besoin pour le réduire à une consistance lisse ou plus grossière dépendant de l'âge de bébé et de son habileté à mastiquer.

CONSERVATION : Réfrigérer dans un contenant hermétique jusqu'à 3 jours ou remplir un plateau à glaçons ou autre contenant de nourriture pour bébé de portions individuelles, couvrir et congeler jusqu'à 3 mois.

Dinde pour bébé

La dinde est un excellent choix comme l'une des premières viandes à servir à bébé : c'est une viande maigre, au goût léger, facile à digérer et remplie de vitamines B et de protéines. En commençant par la dinde hachée, on initie bébé au goût de la viande mais la texture ressemble davantage à celle des purées de fruits et de légumes.

½ lb (250 g) de dinde hachée (émincée)

RENDEMENT : ENVIRON 1 TASSE (8 OZ/250 G) DE DINDE

7 À 8 MOIS

● Dans une poêle à feu moyen, combiner la dinde avec ¼ tasse (2 oz liq./60 ml) d'eau. À l'aide d'une cuillère en bois pour défaire la viande, cuire environ 4 minutes en remuant sans cesse jusqu'à ce que la viande soit opaque de part en part et ait perdu sa teinte rosée. Retirer du feu et laisser refroidir. Égoutter la dinde dans un tamis fin au-dessus d'un bol; réserver le liquide de cuisson.

● Transférer la dinde dans un robot culinaire ou mélangeur et actionner environ 1 minute pour hacher finement la viande. Pendant que le moteur est en marche, ajouter le liquide de cuisson réservé, 1 c. à soupe à la fois, jusqu'à ce que la dinde soit lisse et pâteuse. Ajouter plus de liquide de cuisson au besoin dépendant de l'âge de l'enfant et de son habileté à mastiquer jusqu'à la consistance qu'il peut avaler.

CONSERVATION Réfrigérer dans un contenant hermétique jusqu'à 2 jours ou remplir un plateau à glaçons ou autre contenant de nourriture pour bébé de portions individuelles, couvrir et congeler jusqu'à 1 mois.

UN BRIN DE VARIÉTÉ : Quelques-unes des purées de fruits et de légumes préférées de bébé, telles qu'abricot, pruneau, pomme, courge musquée et patate douce pour ne nommer que celles-là, sont délicieuses en combinaison avec la dinde et donnent une texture plus veloutée à la viande. Combinez 1 part de purée de fruits ou légumes pour 2 parts de dinde.

Repas d'Action de grâce pour bébé

En prévoyant à l'avance, bébé peut partager le festin de l'Action de grâce et goûter à la dinde, à la purée de pommes de terre et à la sauce aux canneberges et aux pommes. Réservez 1/3 tasse de canneberges lorsque vous préparez votre recette familiale de sauce aux canneberges pour concocter cette version sans sucre pour bébé.

11 petites pommes de terre Russet, pelées et coupées en dés de 1 po (2,5 cm)

2 – 3 c. à soupe de bouillon de légumes maison (page 53), bouillon de poulet ou légumes du commerce pauvre en sel ou eau

½ tasse (4 oz/125 g) de dinde cuite pour bébé (ci-contre)

1/3 tasse (1½ oz/45 g) de canneberges fraîches ou surgelées puis dégelées

¼ tasse (2 oz liq./60 ml) de jus de pomme

½ tasse (4 oz liq./125 ml) de compote de pommes (page 22) ou purée de poires (page 30), et un peu plus au goût

RENDEMENT : ENVIRON 1 TASSE (8 OZ/250 G) DE MÉLANGE À LA DINDE ET AUX POMMES DE TERRE ET ½ TASSE (4 OZ LIQ./125 ML) DE SAUCE AUX CANNEBERGES ET AUX POMMES

- Porter à ébullition une casserole remplie d'eau aux trois quarts. Ajouter la pomme de terre et cuire 10 – 12 minutes jusqu'à tendreté. Égoutter, puis transférer la pomme de terre dans un robot culinaire ou mélangeur et réduire en purée, en ajoutant un peu de bouillon pour obtenir une consistance lisse. Ajouter la dinde et actionner pour bien combiner les ingrédients, en ajoutant plus de bouillon au besoin pour obtenir un mélange crémeux.

- Dans une casserole à feu vif, combiner les canneberges avec le jus de pomme et porter à ébullition. Réduire à feu moyen-doux et cuire environ 5 minutes en remuant souvent jusqu'à ce que les canneberges éclatent et le mélange épaississe. Filtrer le mélange dans un tamis fin au-dessus d'un bol, en pressant les solides avec une spatule en caoutchouc pour extraire le plus de purée possible. Jeter les solides. Dans un bol, combiner la purée de canneberge et la compote de pommes. Goûter et ajouter un peu plus de compote de pommes si le goût est trop acidulé.

- Pour servir, mettre une portion de mélange à la dinde et aux pommes de terre dans le plat de bébé et ajouter un peu de sauce aux canneberges et aux pommes à côté.

  CONSERVATION : Réfrigérer les mélanges aux canneberges et à la dinde séparément dans des contenants hermétiques jusqu'à 2 jours ou remplir un plateau à glaçons ou autre contenant de nourriture pour bébé de portions individuelles, couvrir et congeler jusqu'à 1 mois.

Pouding au riz, abricots, et lait de coco

Ce pouding au riz crémeux plaira à bébé par sa texture tout en lui faisant découvrir de nouveaux parfums floraux. Toute la douceur provient naturellement du lait de coco riche en nutriments, du riz au jasmin et d'une giclée colorée de purée d'abricots fraîche. Vous pouvez remplacer cette dernière par toute purée de fruits telle que la purée de prunes (page 45) ou de bananes (page 37).

½ tasse (3½ oz/105 g) de riz au jasmin

¾ tasse (6 oz liq./180 ml) de lait de coco, et un peu plus au besoin

½ tasse (3 oz/90 g) d'abricots séchés

RENDEMENT : ENVIRON 2½ TASSES (20 OZ LIQ./625 ML) DE POUDING

- Dans une casserole, à feu moyen-vif, combiner le riz avec 1 tasse (8 oz liq./250 ml) d'eau et porter à ébullition. Réduire à feu doux, couvrir et laisser mijoter doucement 15 – 20 minutes, en remuant à l'occasion, jusqu'à ce que le liquide soit absorbé et le riz tendre et crémeux. Retirer du feu et incorporer les ¾ tasse (6 oz liq./180 ml) de lait de coco. Laisser refroidir.

- Entre-temps, dans une autre casserole à feu moyen-vif, combiner les abricots avec ½ tasse (4 oz liq./125 ml) d'eau et porter à ébullition. Réduire à feu doux, couvrir partiellement et laisser mijoter environ 10 minutes, jusqu'à tendreté. Égoutter les fruits dans un tamis fin au-dessus d'un bol et réserver le liquide de cuisson. Laisser refroidir.

- Transférer les fruits refroidis dans un robot culinaire ou mélangeur et réduire en une purée lisse. Ajouter suffisamment de liquide de cuisson pour délayer la purée jusqu'à la consistance que l'enfant peut avaler.

- Transférer le mélange au riz refroidi dans un robot culinaire ou mélangeur et réduire en une purée lisse et crémeuse. Ajouter plus de lait de coco ou de liquide de cuisson des abricots au besoin au mélange trop épais pour obtenir une consistance crémeuse que l'enfant peut avaler. Verser un peu de pouding au riz dans un bol et garnir d'une cuillérée de purée d'abricots.

   CONSERVATION : Réfrigérer la purée d'abricots et le pouding au riz séparément dans des contenants hermétiques jusqu'à 3 jours ou remplir un plateau à glaçons ou autre contenant de nourriture pour bébé de portions individuelles, couvrir et congeler jusqu'à 3 mois.

En avant les bouchées

Tout à coup, bébé s'intéresse aux repas et y prend part activement. Physiquement, il est prêt à absorber de la nourriture plus épaisse avec des morceaux. Il développe également des habiletés à se nourrir lui-même en ramassant de petits morceaux de nourriture et en les introduisant dans sa bouche. Par conséquent, il lui faut de nouveaux aliments pour s'exercer. Ce chapitre explique comment introduire des textures plus consistantes et des aliments à prendre avec les doigts.

À cet âge, son système digestif est plus formé et moins sujet aux allergies alimentaires; ce chapitre se concentre donc également sur de nouveaux aliments à introduire. Ainsi, bébé pourra apprendre à s'alimenter de façon autonome avec des aliments que le reste de la famille consomme mais en version pilée et hachée.

Un pas en avant

Entre 9 et 11 mois, vous remarquerez peut-être que son appétit se creuse et qu'il mange davantage d'aliments solides. À ce stade, la plupart des bébés mangent trois repas par jour bien que certains réclament une collation de plus pour se rassasier.

De nouveaux aliments pour de nouvelles habiletés

Même si bébé n'a pas encore de dents, il peut utiliser ses gencives pour mastiquer les aliments mous. On peut donc lui servir des textures plus grossières. Préparez-vous à piler à la fourchette ou au pilon au lieu de réduire en purée. Vous pouvez également actionner le robot par pulsations – au lieu de réduire en purée – pour obtenir une consistance plus grossière.

Au début, vous pouvez assurer la transition en mélangeant des aliments pilés ou grossièrement hachés avec une petite quantité de purée lisse. Petit à petit, à mesure que bébé s'ajuste aux textures plus épaisses, vous pouvez doucement commencer à réduire la quantité de purée lisse au profit des plus gros morceaux. C'est également le moment d'offrir à bébé des aliments pour « grands » comme l'avoine, le fromage râpé et les légumes cuits pour tremper.

Au cours de cette étape, vous découvrirez peut-être que votre bébé a maîtrisé une nouvelle habileté : ramasser de petits objets entre le pouce et l'index. Avec le temps, il utilisera la « pince fine » pour se nourrir. Vous pouvez l'aider à s'exercer en mettant des morceaux de céréales sèches non sucrées, des cubes mous de banane et d'avocat mûr, de la viande hachée bien cuite ou des biscuits de dentition dans son assiette (voir pages 80-81).

Vive l'indépendance !

Il y a à peine quelques mois, votre bébé dépendait complètement de vous pour se nourrir. Maintenant, il est capable de participer un peu. En plus d'apprendre à se nourrir avec la nourriture préhensible, il a peut-être appris à tenir sa propre cuillère. Il est peut-être également capable de tenir sa tasse à deux mains et boire – avec quelques ratés...

Une des plus grosses surprises à cet âge est le fait que bébé veuille commencer à se nourrir tout seul. S'emparer de la cuillère et faire des histoires quand vous le nourrissez sont des manifestations de ce besoin d'indépendance. Si votre petit cherche à se nourrir lui-même, laissez-le faire. Il y aura peut-être des dégâts (essayez la bonne vieille méthode éprouvée de la serviette sous la chaise

Une activité sociale

Les repas ne servent pas seulement à se nourrir; ils sont aussi l'occasion de converser et de communiquer.

Parlez à votre bébé pendant les repas et enseignez-lui les noms des aliments qu'il mange et des ustensiles qu'il utilise. Vous pouvez aussi lui apprendre ses couleurs en les lui montrant dans son assiette.

haute), mais permettre à bébé de sentir qu'il est aux commandes à ce stade lui donnera plus de flexibilité plus tard. Cela lui apprendra également à réguler la quantité de nourriture qu'il mange. Il voudra peut-être se nourrir lui-même en tout temps mais vous pouvez encore lui donner un coup de main avec les aliments coulants comme les céréales et la soupe.

Suivez le guide

Même si bébé tient sa propre cuillère et commence à boire dans sa tasse, il cherche encore vos conseils et il est à l'affût de vos réactions sur la manière de faire et la quantité à ingurgiter. Faites-lui comprendre qu'il lui est permis d'expérimenter de se nourrir soi-même.

Un parent calme et détendu aux repas et aux collations est plus susceptible d'avoir un mangeur enthousiaste et aventureux qu'un parent qui cherche sans cesse à convaincre bébé d'avaler tous ses légumes. Si bébé fait des dégâts en mangeant ou boude certains aliments, demeurez calme. Votre attitude détendue lui signifiera que vous êtes à l'aise avec sa nouvelle indépendance.

Qu'est-ce qu'il mange à ce stade ?

Ayant développé de nouvelles habiletés pour s'alimenter et moins sujet à certaines allergies alimentaires, bébé est prêt à manger de nouveaux aliments tels que le yogourt de lait entier, la ricotta et le fromage cottage à petits grains, le blé (le pain de grain entier tartiné de purée de légumes ou de fruits et coupé en petites bouchées) et le jaune d'œuf cuit (cuit dur et haché finement ou brouillé). Toutefois, les blancs d'œufs sont encore à éviter à cet âge, puisque les

La prudence est de mise

Même si bébé s'aventure à goûter toutes sortes de nouveaux aliments, il y en a qu'il n'est pas encore prêt à essayer. Attendez avant de lui donner des aliments collants comme le beurre d'arachide ou les raisins secs avec lesquels il peut s'étouffer. Bien qu'il commence à s'alimenter par lui-même, rappelez-vous qu'il a encore besoin de votre surveillance lorsqu'il mange.

médecins recommandent de ne pas donner de blancs d'œufs pendant la première année en raison de fréquentes allergies aux œufs.

On peut cependant parfumer davantage les mets, avec des oignons, de l'ail et du gingembre ou un mélange plus osé de fines herbes et d'épices telles que le cumin et le paprika doux. Le poulet et le porc font leur entrée au menu des viandes; assurez-vous de bien cuire toute pièce de viande jusqu'à ce qu'elle ait perdu sa teinte rosée.

Vous pouvez également commencer à lui servir des jus de fruits à 100 % mais attendez encore pour les agrumes. Assurez-vous de limiter la quantité de jus à ¼ tasse (2 oz liq./60 ml) par jour; une quantité supérieure peut entraîner de la diarrhée et rassasier bébé, l'empêchant de manger d'autres aliments. Servez le jus dans une tasse puisque vous allez bientôt le sevrer de la bouteille.

Avoine aux pommes et à la cannelle

La combinaison de l'avoine avec à peu près n'importe quel fruit constitue un délicieux petit-déjeuner pour bébé. Incorporez des bananes pilées ou une purée de cerises et de bleuets (page 44), purée de pruneaux (page 45) ou compote de pommes (page 22) dans de l'avoine nature. Vous pouvez également remplacer les pommes râpées de cette recette simple par des poires, pêches ou nectarines mûres hachées finement.

9 À 11 MOIS

1 pomme sucrée telle que Pink Lady, McIntosh ou Gala

1 tasse (3 oz/90 g) de flocons d'avoine à l'ancienne

¼ c. à thé de cannelle moulue

RENDEMENT : ENVIRON 2 TASSES (14 OZ/440 G) D'AVOINE

- Peler et évider la pomme. Utiliser les gros trous d'une râpe pour râper la pomme; réserver.

- Dans une casserole, porter 2 tasses (16 oz liq./500 ml) d'eau à ébullition à feu vif. Incorporer l'avoine, la pomme râpée et la cannelle. Porter de nouveau à ébullition, puis réduire à feu moyen-doux et laisser mijoter environ 5 minutes, jusqu'à ce que l'avoine commence à épaissir. Retirer du feu, couvrir et laisser reposer environ 10 minutes jusqu'à consistance épaisse et crémeuse. Ajouter suffisamment d'eau, de lait maternel ou de préparation pour nourrissons pour délayer la purée jusqu'à la consistance que l'enfant peut avaler. Laisser refroidir.

CONSERVATION : Réfrigérer le reste dans un contenant hermétique jusqu'à 3 jours. Pour servir, incorporer quelques cuillérées à thé d'eau tiède.

ALIMENTS POUR LA CROISSANCE : Contrairement à l'avoine à cuisson rapide, l'avoine à l'ancienne conserve le son et le germe d'origine pendant le traitement, ce qui en fait une source de bonnes fibres et de nutriments protégeant du cholestérol comme le sélénium.

Riz brun savoureux

Ce plat de base nourrissant est le point de départ d'une quantité de repas pour bébés ou tout-petits. Parmi les nombreux bons choix de recettes à servir en combinaison avec le riz, on trouve la compote de pommes (page 22), la purée d'avocat crémeuse (page 36) et le tourbillon d'automne (page 42). Vous pouvez également servir le riz avec le ragoût de légumes-racines (page 61) ou le cari crémeux au poulet (page 93).

9 À 11 MOIS

1 tasse (7 oz/220 g) de riz brun

2 tasses (16 oz liq./500 ml) de bouillon de légumes maison (page 53), de bouillon du commerce pauvre en sel ou d'eau.

RENDEMENT : ENVIRON 3 TASSES (15 OZ/470 G) DE RIZ

- Dans une casserole moyenne, combiner le riz avec le bouillon et porter à ébullition à feu vif. Réduire à feu doux, couvrir et laisser mijoter doucement environ 50 minutes, jusqu'à ce que le liquide soit absorbé et le riz tendre. Retirer du feu et laisser reposer environ 5 minutes à couvert.

- On peut transférer le riz dans un robot culinaire ou mélangeur avec ¼ tasse (2 oz liq./60 ml) d'eau pour l'empêcher de coller et le réduire en une purée lisse ou grossière dépendant de l'âge de l'enfant et de son habileté à mastiquer. Le riz peut être encore très collant et on peut y incorporer quelques cuillérées de purée de fruits ou légumes si désiré pour le lisser.

CONSERVATION : Réfrigérer dans un contenant hermétique jusqu'à 3 jours ou remplir un plateau à glaçons ou autre contenant de nourriture pour bébé de portions individuelles, couvrir et congeler jusqu'à 3 mois.

ALIMENTS POUR LA CROISSANCE : Le riz brun est un choix plus nutritif que le blanc parce qu'on n'a retiré que l'enveloppe la plus externe du grain, ce qui lui laisse tous ses fibres, vitamines et éléments nutritifs. Le riz brun à grain court produit une texture plus douce que le riz à grain long.

Tartinade crémeuse à l'avocat et aux œufs

Les pédiatres recommandent d'éviter de donner des blancs d'œufs aux bébés pendant leur première année. On peut tout de même leur faire manger le jaune qui est une excellente source de protéines et de fer. Les jaunes cuits et combinés avec l'avocat pilé ajoutent une consistance duveteuse et une riche saveur à la tartinade que l'on peut servir sur du pain frais ou grillé.

2 gros œufs

2 c. à soupe de yogourt nature de lait entier

½ avocat mûr

1 tranche de pain de blé entier (facultatif), pour servir

RENDEMENT : ENVIRON ½ TASSE (4 OZ/125 G) DE TARTINADE

- Mettre les œufs dans une petite casserole et ajouter de l'eau jusqu'à 1 po (2,5 cm) au-dessus pour couvrir. Porter à ébullition à feu moyen-vif. Dès que l'eau atteint le point d'ébullition, retirer du feu, couvrir et laisser reposer 14 minutes. Égoutter et rincer les œufs à l'eau courante froide pour arrêter la cuisson. Écaler les œufs, puis couper en deux et retirer les jaunes. Réserver les blancs pour un autre usage ou jeter.

- Dans un petit bol, combiner les jaunes, le yogourt et l'avocat et piler avec une fourchette jusqu'à consistance lisse. Tartiner le mélange sur le pain et couper en petits morceaux ou en lanières pour que bébé se serve lui-même.

CONSERVATION : Réfrigérer dans un contenant hermétique jusqu'à 1 jour ou remplir un plateau à glaçons ou autre contenant de nourriture pour bébé de portions individuelles, couvrir et congeler jusqu'à 3 mois (une légère décoloration peut survenir durant l'entreposage).

ALERTE AUX ALLERGIES : Si vous n'avez pas encore introduit le blé, les pains sans gluten que l'on trouve dans la plupart des supermarchés sont une excellente option. Ces pains sont faits à partir de céréales autres que le blé, telles que le seigle, l'orge et le millet. Demandez à votre pédiatre quels pains conviennent à l'âge de votre bébé.

Omelette aux jaunes d'œufs et asperges

Cette omelette minuscule est une excellente façon pour bébé de bénéficier de l'apport de protéines et de fer contenus dans les jaunes d'œufs tout en partageant un plat aux œufs avec le reste de la famille. Libre à vous de remplacer les asperges par une cuillère à soupe d'un autre légume haché finement ou cuit et pilé tel que le brocoli ou les petits pois.

1 pointe d'asperge,
le bout dur retranché

1 gros jaune d'œuf

2 c. à thé de fromage
parmesan râpé

½ c. à thé de beurre non salé ou
huile d'olive

RENDEMENT : 1 MINI-OMELETTE

- Verser de l'eau dans une casserole à hauteur de 1 po (2,5 cm). Mettre l'asperge dans une marguerite et déposer celle-ci dans la casserole. Porter à ébullition à feu vif. Couvrir et étuver environ 5 minutes, jusqu'à tendreté. Retirer du feu et retirer la marguerite de la casserole. Transférer l'asperge sur une planche à découper et hacher très finement.

- Dans un petit bol, fouetter le jaune d'œuf, l'asperge, le fromage et 1 c. à thé d'eau. Réserver.

- Dans une poêle antiadhésive à feu moyen-vif, faire fondre le beurre. Verser la préparation dans la poêle. À l'aide d'une spatule, racler le mélange qui commence à prendre à partir du bord vers le centre pour faire un rond de 3 – 4 po (7,5 – 10 cm) de diamètre. Lorsque l'œuf est pris mais encore humide sur le dessus, tourner avec une spatule. Cuire 1 minute de plus, puis transférer dans une assiette. Laisser tiédir légèrement, puis rouler l'omelette en tube. Couper en rondelles ou en plus petits morceaux dépendant de l'âge de l'enfant et de son habileté à mastiquer.

ALLERTE AUX ALLERGIES : Les œufs, surtout les blancs, sont un des allergènes les plus fréquents. C'est pourquoi la plupart des pédiatres conseillent d'attendre après la première année pour donner des blancs d'œufs à bébé. Avisez votre pédiatre de toute allergie alimentaire connue dans votre famille; il pourrait vous conseiller d'attendre avant d'introduire les jaunes d'œufs.

Manger avec les doigts

Au cours des six premiers mois (et un peu plus) de sa vie, votre bébé est probablement content de se faire nourrir. Mais vers l'âge de neuf mois, la plupart des bébés veulent prendre une part plus active à leur alimentation. Lui offrir des aliments préhensibles à ce stade est la façon idéale d'assurer la transition.

Aliments préhensibles 101

La transition pour passer des aliments tendres et pilés aux bouchées préhensibles est une expérience complètement nouvelle pour bébé. Non seulement aura-t-il à expérimenter de nouvelles saveurs et textures mais il devra également développer de nouvelles habiletés motrices. Le fait de rendre ses premières expériences aussi agréables que possible peut adoucir la transition pour vous et pour bébé.

Quand bébé est-il prêt à manger avec les doigts ?

Le meilleur temps pour commencer à offrir des aliments préhensibles est lorsqu'il a commencé à exercer toutes les habiletés motrices requises pour se nourrir lui-même. Voici quelques indices pour savoir s'il est prêt :

- Il peut s'asseoir sans votre aide.
- Il est intéressé à se nourrir lui-même.
- Il peut ramasser de petits objets entre le pouce et l'index (la « pince fine »).
- Il peut facilement porter des objets à sa bouche.
- Il peut mastiquer les aliments avec ses gencives.

Commencez par de petites bouchées

Commencez par des aliments avec lesquels bébé est familier. Offrez-lui de petits morceaux de ses aliments préférés qu'il a déjà mangés, soit pilés ou en purée.

Minimisez le risque d'étouffement en vous assurant que chaque bouchée est suffisamment petite pour être mastiquée entre les gencives ou suffisamment tendre pour fondre dans la bouche.

Offrez-lui des bouchées à la collation

Au lieu de donner des bouchées préhensibles à votre bébé aux repas, commencez d'abord par offrir une ou deux bouchées à l'heure de la collation. Cela lui donnera l'occasion de s'exercer à son rythme. S'il mange d'un air joyeux, allez-y et donnez-lui-en davantage jusqu'à ce qu'il montre des signes de satiété.

Soyez patient

Certains bébés s'habituent aux aliments préhensibles plus rapidement que d'autres. Au début, il se peut que votre bébé soit davantage intéressé à jouer avec la nourriture qu'à la manger. Le fait de laisser votre petit s'alimenter lui-même peut également occasionner des dégâts ! Soyez assuré qu'il deviendra plus habile avec le temps et que la plus grosse part ira dans sa bouche plutôt que sur le plancher.

Un festin pour les sens

Lorsque votre bébé mange, le goût n'est qu'une partie de l'expérience. Maintenant qu'il s'exerce avec les doigts, il s'intéressera davantage à la sensation de la nourriture dans sa main, à sa couleur et à son arôme. Lui offrir des bouchées aux couleurs vives avec une variété de textures aide à stimuler ses sens.

Les mains collantes

Un bébé qui découvre activement le monde à partir du plancher n'a souvent pas les mains très propres ! Puisqu'il touche à tout ce qu'il mange, assurez-vous que ses mains sont propres.

Petites bouchées à éviter

Attendez que bébé soit plus grand et plus habile à s'alimenter avant de lui donner des aliments durs, collants ou difficiles à mastiquer :

- les raisins secs ou autres fruits séchés
- les raisins entiers
- les tomates, cerises ou raisins
- les légumes et fruits crus et durs tels que carottes, céleri et pommes
- les saucisses, y compris les hotdogs
- le pain blanc
- le maïs soufflé
- le fromage dur

Petites bouchées préférées

Voici des aliments savoureux assez tendres pour être faciles à mastiquer entre les gencives :

- la dinde, le bœuf ou l'agneau haché et bien cuits; des tranches minces de viandes froides telles que la poitrine de dinde rôtie
- des petits morceaux de banane, pêche, nectarine, melon, mangue, de papaye ou prune; des morceaux de pomme ou poire cuite; des bleuets
- des morceaux cuits de pomme de terre, patate douce, brocoli, carotte, betterave, courge musquée ou asperge saupoudrés de fromage parmesan
- des œufs brouillés, hachés finement
- des morceaux de crêpe, de gaufre ou de pain doré, hachés finement
- les céréales sèches qui fondent dans la bouche
- des nouilles coupées, cuites, auxquelles on a ajouté du fromage râpé
- de petits cubes de tofu ferme, saupoudrés de chapelure
- de petits morceaux de pain grillé de grain entier, tartinés de fromage ricotta

CONSEIL : Enduisez les aliments glissants comme les bananes ou les avocats mûrs de germe de blé grillé ou de biscuits graham écrasés pour les rendre plus faciles à ramasser.

Trempette crémeuse à l'hoummos

Avec cette tartinade santé aux pois chiches, vous pouvez servir des lanières de poivron grillé et toute une variété d'aliments à tremper tels que des bâtons tendres de carotte ou de courgette cuite et de petites lanières de pain ou pain pita de blé entier grillé. Les pois chiches, l'ingrédient principal dans l'hoummos, sont exceptionnellement nutritifs et remplis de protéines et de fibres.

9 À 11 MOIS

1 poivron rouge

1 boîte (15 oz/470 g) de pois chiches cuits pauvres en sel, rincés et égouttés

⅓ tasse (2½ oz/75 g) de yogourt nature de lait entier

1 petite gousse d'ail (facultative)

2 c. à soupe d'huile d'olive

½ c. à thé de cumin moulu

RENDEMENT : ENVIRON 2½ TASSES (20 OZ/625 G) DE HOUMMOS

- Tapisser un plat à rôtir de papier d'aluminium et préchauffer le gril. Mettre le poivron rouge sur le plat préparé et cuire sous le gril en le tournant à l'occasion jusqu'à ce que la peau soit calcinée de tous côtés. Transférer dans un sac de papier ou bol. Fermer le sac hermétiquement ou couvrir le bol avec une pellicule de plastique et laisser le poivron dégager sa vapeur pour aider à décoller la peau. Laisser refroidir.

- Lorsqu'il peut être manipulé, couper le poivron en deux; retirer et jeter les graines et la peau noircie.

- Dans un robot culinaire ou mélangeur, combiner les pois chiches, la moitié du poivron rôti, le yogourt, l'ail (le cas échéant), l'huile d'olive et le cumin et réduire en une purée lisse. Couper l'autre moitié du poivron en petites lanières pour tremper.

CONSERVATION : Réfrigérer l'hoummos dans un contenant hermétique jusqu'à 1 semaine; réfrigérer les lanières de poivron jusqu'à 3 jours.

PRÉPARER POUR CONSERVER : Il est facile de rôtir des poivrons rouges supplémentaires pendant que le gril est chaud. Réduisez-les en purée et congelez-les pour les utiliser dans cet hoummos plus tard, pour incorporer à du fromage ricotta ou cottage ou pour accompagner le poulet (page 92) ou le porc (page 96) de bébé.

Pomme de terre « au four » pour bébé

Voici une version pour bébé d'un plat réconfortant classique et une façon amusante pour lui de savourer des pommes de terre crémeuses – surtout si toute la famille en fait autant. Les pommes de terre Yukon Gold sont un bon choix ici parce que leur petite taille est idéale pour les petits appétits.

1 pomme de terre Yukon Gold, pelée et coupée en cubes de 1 po (2,5 cm)

½ c. à thé de beurre non salé, fondu

1½ c. à soupe de yogourt nature de lait entier

2 c. à thé de fromage parmesan ou cheddar, râpé

1 tige de ciboulette, émincée (facultative)

RENDEMENT : ENVIRON ½ TASSE (4 OZ/125 G) DE POMME DE TERRE

- Porter à ébullition une casserole remplie d'eau aux trois-quarts. Ajouter la pomme de terre, réduire à feu moyen et cuire 10 – 12 minutes, jusqu'à ce qu'elle soit très tendre. Égoutter à fond dans une passoire, remettre dans la casserole chaude et ajouter le beurre.

- Suivant l'âge de l'enfant et de son habileté à mastiquer, piler la pomme de terre à l'aide d'un pilon ou d'une fourchette jusqu'à ce qu'elle soit lisse ou de consistance légèrement grossière. Laisser tiédir, puis incorporer le yogourt, le fromage et la ciboulette, le cas échéant; servir.

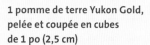

ALIMENTS POUR LA CROISSANCE : Les pommes de terre sont parmi les légumes que les experts recommandent d'acheter en version biologique, surtout pour les enfants, en raison des résidus de pesticides qui demeurent même après les avoir pelées.

Brocoli au fromage en casserole

Ce plat savoureux réunit quelques-uns des goûts préférés de bébé, dont celui, nouveau et onctueux, du fromage. Vous pouvez faire cuire les garnitures et assembler le plat à l'avance en le réfrigérant jusqu'à ce que vous soyez prêt à le passer au four. Assurez-vous de le laisser refroidir complètement avant de le servir.

beurre non salé pour graisser

1 tasse (2 oz/60 g) de fleurons de brocoli

2 c. à thé d'huile d'olive

1 c. à soupe d'échalote émincée

½ tasse (1½ oz/45 g) de champignons blancs, finement hachés

⅔ tasse (3½ oz/105 g) de riz brun savoureux (page 76)

¼ tasse (2 oz liq./60 ml) de bouillon de légumes maison (page 53), bouillon de légumes pauvre en sel du commerce ou eau

6 c. à soupe (1½ oz/45 g) de fromage cheddar blanc ou Monterey Jack, râpé

RENDEMENT : 4 MINI-PLATS EN CASSEROLE

- Préchauffer le four à 375°F (190°C). Beurrer légèrement quatre ramequins de ½ tasse (4 oz liq./125 ml).

- Verser de l'eau dans une casserole à hauteur de 1 po (2,5 cm). Mettre le brocoli dans une marguerite et déposer celle-ci dans la casserole. Porter à ébullition à feu vif. Couvrir et étuver 6 – 8 minutes, jusqu'à tendreté. Retirer du feu et retirer la marguerite de la casserole. Transférer le brocoli sur une planche à découper et hacher très finement. Réserver.

- Dans une poêle, chauffer l'huile d'olive à feu moyen. Ajouter l'échalote et les champignons et cuire environ 5 minutes, jusqu'à ce que les champignons tombent et commencent à rendre leur eau. Retirer du feu et incorporer le riz, le brocoli, le bouillon et 3 c. à soupe du fromage. Répartir le mélange également entre les ramequins préparés et saupoudrer les 3 c. à soupe de fromage restant sur les dessus.

- Cuire au four 20 – 25 minutes, jusqu'à ce que le fromage soit fondu et bouillonnant.

    CONSERVATION : Réfrigérer les plats cuits jusqu'à 3 jours ou couvrir et congeler jusqu'à 3 mois. Laisser décongeler au réfrigérateur, puis tempérer avant de servir.

9 À 11 MOIS

Salade de tofu, riz et avocat

Le tofu, le riz brun et l'avocat mûr, au parfum du terroir et au goût léger, sont riches en huiles saines. Ces ingrédients ont de plus l'avantage d'être des aliments idéaux pour commencer à manger avec les doigts, permettant à bébé d'exercer sa pince fine et de s'habituer à s'alimenter lui-même.

½ tasse (4 oz/125 g) de tofu nature ferme, coupé en petits cubes

½ tasse (2½ oz/75 g) de riz brun savoureux (page 76)

½ avocat mûr, coupé en petits cubes

1 c. à soupe de coriandre fraîche, hachée finement

RENDEMENT : 1½ TASSE (12 OZ/375 G)

- Dans un bol, combiner le tofu, le riz, l'avocat et la coriandre. Si l'enfant souhaite ramasser les morceaux avec les doigts, étaler quelques morceaux sur la tablette de sa chaise haute et le laisser ramasser les morceaux en l'aidant au besoin.

- Pour les bébés qui ne sont pas encore prêts à ramasser, transférer le mélange dans un robot culinaire ou mélangeur et réduire en une purée grossière ou lisse. On peut ajouter du bouillon ou de l'eau au besoin pour délayer la purée à une consistance que l'enfant peut avaler.

CONSERVATION : Réfrigérer dans un contenant hermétique jusqu'à 3 jours (une légère décoloration peut survenir durant l'entreposage).

ALLERTE AUX ALLERGIES : Le tofu regorge de protéines et de calcium; son goût léger et sa texture veloutée en font un mets préféré des jeunes bébés. Toutefois, s'il y a des allergies alimentaires dans votre famille, consultez votre pédiatre pour savoir à quel moment vous pouvez introduire le tofu ou d'autres produits à base de soja dans l'alimentation de votre bébé.

9 À 11 MOIS

Haricots, banane et quinoa

Les haricots noirs cuits et les bananes hachées sont des aliments parfaits pour les doigts de bébé qui apprend à se nourrir lui-même. Si vous utilisez les haricots en conserve, rincez-les à fond. L'avocat, un autre aliment préhensible de choix, est une délicieuse variante à la banane; pour les bébés plus grands, vous pouvez remplacer celle-ci par une mangue ou une papaye finement hachée.

9 À 11 MOIS

½ tasse (4 oz/125 g) de quinoa

1 tasse (7 oz/220 g) de haricots noirs cuits pauvres en sel, rincés et égouttés

¼ banane, hachée finement

RENDEMENT : ENVIRON 2 TASSES (16 OZ/500 G)

● Rincer le quinoa à l'eau courante froide et égoutter à fond. Dans une petite casserole, combiner le quinoa avec 1 tasse (8 oz liq./250 ml) d'eau et porter à ébullition à feu vif. Réduire à feu doux, couvrir et laisser mijoter doucement environ 20 minutes, jusqu'à ce que le liquide soit absorbé et les grains tendres et translucides. Laisser reposer 10 minutes à couvert.

● Entre-temps, dans une autre petite casserole, faire chauffer les haricots à feu moyen et les piler en partie ou au complet avec une fourchette jusqu'à la consistance que l'enfant peut avaler. Égrener le quinoa avec une fourchette et incorporer les haricots. Verser le mélange au quinoa dans une assiette, garnir avec la banane et servir tiède ou à la température de la pièce.

CONSERVATION : Réfrigérer le mélange de haricots et quinoa dans un contenant hermétique jusqu'à 3 jours ou congeler jusqu'à 3 mois. Garnir avec la banane juste avant de servir.

ALIMENTS POUR LA CROISSANCE : On vante souvent les mérites du quinoa en tant que céréale hautement nutritive mais celui-ci est en fait une graine d'origine sud-américaine. Il est riche en protéines et en acides aminés et produit une texture veloutée en cuisant qui plaît à bébé. Il remplace avantageusement le riz brun.

Gratin de chou-fleur au riz brun

La purée crémeuse de chou-fleur et le riz brun de grain entier à saveur de noix font la paire dans ce plat classique. Le chou-fleur appartient à la famille des crucifères, réputées pour leurs vitamines et fibres et leurs éléments phytochimiques qui combattent les maladies. Assurez-vous de laisser refroidir le gratin complètement pour ne pas brûler les petits doigts empressés de bébé.

beurre non salé pour graisser

1 tasse (2 oz/60 g) de fleurons de chou-fleur

½ tasse (2 oz/60 g) de fromage parmesan râpé

une pincée de muscade râpée

1 tasse (5 oz/155 g) de riz brun savoureux (page 76)

4 c. à soupe (2 oz liq./60 ml) de bouillon de légumes maison (page 53), bouillon de légumes du commerce pauvre en sel ou eau

RENDEMENT : 4 PETITS PLATS GRATINÉS

- Préchauffer le four à 375°F (190°C). Beurrer légèrement 4 ramequins de ½ tasse (4 oz liq./125 ml).

- Verser de l'eau dans une casserole à hauteur de 1 po (2,5 cm). Mettre le chou-fleur dans une marguerite et déposer celle-ci dans la casserole. Porter à ébullition à feu vif. Couvrir et étuver 6 – 8 minutes, jusqu'à tendreté. Retirer du feu et retirer la marguerite de la casserole. Transférer le chou-fleur dans un robot culinaire ou mélangeur et réduire en une purée lisse, ajouter un peu d'eau au besoin pour obtenir une consistance plus lisse. Incorporer ¼ tasse (1 oz/30 g) du fromage et la muscade dans la purée de chou-fleur. Réserver.

- Répartir le riz également entre les ramequins préparés en le tassant dans le fond. Arroser chacun avec 1 c. à soupe du bouillon. Verser la purée de chou-fleur dans chaque ramequin en la répartissant également et en la lissant sur le dessus pour couvrir le riz. Terminer chaque ramequin avec 1 c. à soupe du fromage restant.

- Cuire au four environ 20 minutes, jusqu'à ce que le dessus des ramequins soit doré. Laisser refroidir complètement avant de servir.

  CONSERVATION : Réfrigérer les plats cuits jusqu'à 3 jours ou couvrir et congeler jusqu'à 3 mois. Dégeler au réfrigérateur et tempérer avant de servir.

Ragoût de lentilles à l'indienne

Les lentilles rouges et vertes sont parmi les légumineuses les plus faciles à préparer. En effet, elles n'ont pas besoin de tremper et s'attendrissent après seulement 20 minutes de cuisson. L'ail et les épices aromatiques ajoutent du piquant à ce ragoût et aident à développer le palais de bébé. Servez ce ragoût tel quel ou avec un peu de riz brun savoureux (page 76).

9 À 11 MOIS

1 c. à soupe d'huile d'olive

1 carotte, pelée et hachée finement

1 pomme de terre rouge moyenne, pelée et hachée finement

¼ d'oignon jaune, haché finement

1 petite gousse d'ail, émincée

¼ c. à thé de coriandre moulue

¼ c. à thé de cumin moulu

¼ c. à thé de cannelle moulue

⅓ tasse (2½ oz/75 g) de lentilles rouges, triées et rincées

2 tasses (16 oz liq./500 ml) de bouillon de légumes maison (page 53), bouillon de légumes du commerce pauvre en sel ou eau, et un peu plus au besoin

RENDEMENT : ENVIRON 3 TASSES (24 OZ/750 G) DE RAGOÛT

- Dans une casserole, chauffer l'huile d'olive à feu moyen-vif. Ajouter la carotte, la pomme de terre, l'oignon et l'ail et faire revenir environ 5 minutes, jusqu'à ce que les légumes commencent à suer. Ajouter la coriandre, le cumin et la cannelle et remuer pour bien mélanger, puis ajouter les lentilles et le bouillon. Remuer pour bien combiner. Porter à ébullition, puis réduire à feu doux, couvrir et laisser mijoter doucement environ 20 minutes, jusqu'à ce que les légumes et les lentilles soient très tendres.

- Dépendant de l'âge de l'enfant et de son habileté à mastiquer, on peut le servir tel quel ou utiliser une fourchette pour piler le ragoût jusqu'à la consistance qu'il peut avaler, ou transférer le ragoût dans un robot culinaire ou mélangeur et réduire en une purée lisse ou grossière, en ajoutant plus de bouillon ou d'eau au besoin. Laisser tiédir, puis servir.

CONSERVATION : Réfrigérer dans un contenant hermétique jusqu'à 3 jours ou remplir un plateau à glaçons ou autre contenant de nourriture pour bébé de portions individuelles, couvrir et congeler jusqu'à 3 mois.

ALIMENTS POUR LA CROISSANCE : Les lentilles sont les champions nutritifs de la famille des légumineuses, renfermant le double des protéines d'une bonne partie de leurs cousins et procurant également du fer, du phosphore, du calcium et des vitamines B telles que la niacine et les folates.

Le poulet pour bébé

Lorsqu'on introduit les viandes dans l'alimentation de bébé pour la première fois, on peut rendre la texture plus appétissante en y incorporant une purée de fruits telle que la purée de prunes (page 45) ou la compote de pommes (page 22); une purée de légumes telle que la purée de patates douces (page 33) ou la purée de courge musquée (page 35); ou une céréale cuite telle que le riz brun savoureux (page 76).

9 À 11 MOIS

huile d'olive pour graisser

½ lb (250 g) de hauts de cuisse ou poitrines de poulet, désossés sans la peau

RENDEMENT : ENVIRON 1¼ TASSE (8 OZ/250 G) DE POULET

- Préchauffer le four à 400°F (200°C). Tapisser un petit plat à rôtir de papier d'aluminium. Huiler légèrement une grille et la déposer dans le plat préparé. Mettre le poulet sur la grille et cuire au four environ 30 minutes, en tournant une fois à mi-cuisson, jusqu'à ce qu'il soit opaque de part en part et ait perdu sa teinte rosée. Retirer du four et laisser refroidir.

- Transférer le poulet sur une planche à découper et le trancher finement contre le grain à l'aide d'un couteau aiguisé; émincer les tranches en très petits morceaux. Dépendant de l'âge de bébé et de son habileté à mastiquer, on peut transférer le poulet dans un robot culinaire ou mélangeur et pulser pour obtenir une consistance granuleuse; ajouter un peu d'eau au besoin pour humecter.

CONSERVATION : Réfrigérer dans un contenant hermétique jusqu'à 2 jours ou remplir un plateau à glaçons ou autre contenant de nourriture pour bébé de portions individuelles, couvrir et congeler jusqu'à 1 mois.

ALIMENTS POUR LA CROISSANCE : Lorsque vous achetez du poulet, choisissez une viande d'élevage naturel ou biologique, sans hormones ni antibiotiques. Au fur et à mesure que bébé devient habile à mastiquer et à maîtriser la pince fine, coupez le poulet en petits morceaux au lieu de l'émincer.

Cari de poulet crémeux

Ce plat légèrement relevé initie doucement bébé au monde de l'ail parfumé et du gingembre doux et épicé. Puisque le lait de coco se détaille typiquement en boîtes de 14 oz liq. (430 ml), vous pouvez préparer une plus grande quantité de cari pour conserver; sinon, congelez le lait restant pour préparer un cari végétarien (page 118) ou un pouding au riz, abricots, et lait de coco (page 69).

½ tasse (3 oz/90 g) de haricots verts, parés

½ tasse (3 oz/90 g) de poulet pour bébé (ci-contre)

1 c. à thé d'huile de canola

1 oignon vert, la partie blanche et vert tendre seulement, haché finement

1 petite gousse d'ail, émincée

1 c. à thé de gingembre frais, pelé et râpé

½ tasse (4 oz liq./125 ml) de bouillon de légumes maison (page 53), bouillon de légumes du commerce pauvre en sel ou bouillon de poulet

1 c. à thé de basilic frais, haché finement

riz brun savoureux (page 76) ou riz brun cuit, pour servir

RENDEMENT : ENVIRON 2½ TASSES (20 OZ/625 G) DE CARI

- Verser de l'eau dans une petite casserole à hauteur de 1 po (2,5 cm). Mettre les haricots dans une marguerite et déposer celle-ci dans la casserole. Porter à ébullition à feu vif. Couvrir et étuver environ 5 minutes, jusqu'à tendreté. Retirer du feu et retirer la marguerite de la casserole. Transférer les haricots sur une planche à découper et hacher finement; réserver.

- Préparer le poulet tel qu'indiqué mais en le hachant finement (ne pas réduire en purée dans le robot culinaire ou mélangeur). Dans une casserole, chauffer l'huile à feu moyen-doux. Ajouter l'oignon vert et faire revenir environ 2 minutes, jusqu'à ce qu'il tombe. Incorporer l'ail et le gingembre et cuire 1 minute en remuant.

- Incorporer le lait de coco et le bouillon, cuire à feu moyen-vif et porter à ébullition. Réduire à feu doux et ajouter les haricots verts, le poulet et le basilic. Laisser mijoter à couvert environ 2 minutes, jusqu'à ce que la sauce épaississe légèrement et que le poulet soit chaud. Retirer du feu et laisser tiédir. Servir tiède ou à la température de la pièce avec le riz.

CONSERVATION : Réfrigérer dans un contenant hermétique jusqu'à 2 jours ou remplir un plateau à glaçons ou autre contenant de nourriture pour bébé de portions individuelles, couvrir et congeler jusqu'à 1 mois.

9 À 11 MOIS

Chili au poulet pour bébé

Les haricots sont riches en protéines et en fibres, ce qui en fait un bon choix pour bébé. En plus, c'est amusant de les ramasser avec des petits doigts – un bon exercice pour la pince fine. Ce « chili » légèrement épicé au poulet et aux haricots et préparé spécialement pour bébé est une façon nourrissante de savourer ce plat classique. On peut ajouter une pincée de chili en poudre pour les plus grands.

1 tasse (7 oz/220 g) de haricots noirs ou pinto cuits, rincés et égouttés

¼ tasse (2 oz liq./60 ml) de bouillon de légumes maison (page 53), bouillon de légumes du commerce pauvre en sel ou eau

¼ c. à thé de cumin moulu

⅛ c. à thé de paprika

½ tasse (3 oz/90 g) de poulet pour bébé (page 92)

1½ c. à soupe de coriandre fraîche, hachée finement

RENDEMENT : 1½ TASSE (12 OZ/375 G) DE CHILI

• Dans une casserole, combiner les haricots, le bouillon, le cumin et le paprika. Porter à ébullition à feu vif, puis réduire à feu moyen-doux et laisser mijoter 5 – 8 minutes, en remuant à l'occasion, jusqu'à ce que les haricots soient tendres de part en part et la sauce légèrement épaissie.

• Utiliser une fourchette pour piler les haricots en partie ou au complet jusqu'à la consistance que l'enfant peut avaler, dépendant de son âge et de son habileté à mastiquer. Incorporer le poulet et la coriandre et servir tel quel ou transférer le chili dans un robot culinaire ou mélangeur et réduire en une purée grossière ou lisse, ajoutant du bouillon ou de l'eau au besoin.

CONSERVATION : Réfrigérer dans un contenant hermétique jusqu'à 3 jours ou remplir un plateau à glaçons ou autre contenant de nourriture pour bébé de portions individuelles, couvrir et congeler jusqu'à 1 mois.

UN BRIN DE VARIÉTÉ : Lorsque bébé est assez grand pour manger des tomates (voir chapitre 5), ajoutez ½ tasse (3 oz/90 g) de tomates mûres hachées finement aux haricots au moment de faire mijoter. Les sucres et acides des tomates vont rehausser les sucs et ajouter une dose de vitamine C.

Porc pour bébé

Pour rendre la texture de ce filet de porc rôti tout simple encore plus veloutée, ajoutez-y une purée de fruits telle que la compote de pommes (page 22), la purée de poires (page 30), la purée de pêches mûres (page 44) ou la purée de prunes (page 45). Le porc contient des fibres qui sont légèrement plus denses que celles du poulet; il faut donc commencer par de petits morceaux et augmenter progressivement à une texture plus grossière.

9 À 11 MOIS

1 petit filet de porc d'environ ½ lb (250 g)

1 c. à thé d'huile d'olive

2 c. à soupe de jus de pomme

⅛ c. à thé de muscade râpée

RENDEMENT : ENVIRON 1¼ TASSE (8 OZ/250 G) DE PORC

● Préchauffer le four à 400°F (200°C). Tapisser un petit plat à rôtir de papier d'aluminium. Retrancher le gras et les membranes filamenteuses du porc et mettre dans le plat préparé. Arroser d'huile d'olive et de jus de pomme et saupoudrer de muscade. Cuire au four environ 20 minutes, jusqu'à ce que le porc soit opaque de part en part et ait perdu sa teinte rosée au centre. La température interne sur un thermomètre à viande doit être de 160°F (71°C). Transférer sur une planche à découper et laisser refroidir.

● À l'aide d'un couteau aiguisé, couper le porc contre le grain en tranches fines, puis émincer les tranches en très petits morceaux. Dépendant de l'âge de l'enfant et de son habileté à mastiquer, on peut transférer le porc dans un robot culinaire ou mélangeur et pulser pour obtenir une consistance granuleuse; ajouter un peu d'eau au besoin pour humecter.

CONSERVATION : Réfrigérer dans un contenant hermétique jusqu'à 2 jours ou remplir un plateau à glaçons ou autre contenant de nourriture pour bébé de portions individuelles, couvrir et congeler jusqu'à 1 mois..

ALIMENTS POUR LA CROISSANCE : Le porc est un bon choix comme l'une des premières viandes de bébé. De nos jours, le porc est plutôt maigre et offre une bonne source de fer, de protéines et de vitamines B. Lorsque vous cuisinez le porc pour bébé, assurez-vous de le cuire jusqu'à ce qu'il ait perdu sa teinte rosée.

Porc aux haricots rouges et au riz

Si vous avez le temps de cuire vos propres haricots, ils seront pratiques en combinaison simple comme celle-ci; réfrigérez les haricots pendant quelques jours ou congelez-les en petites quantités avec un peu de liquide de cuisson. Si vous voulez donner un peu de douceur à ce plat salé, ajoutez une cuillérée de banane en purée.

½ tasse (3 oz/90 g) de haricots rouges cuits, pauvres en sel, rincés et égouttés

½ tasse (3 oz/90 g) de porc pour bébé (ci-contre)

1 tasse (6 oz/185 g) de riz brun savoureux (page 76)

½ c. à thé de persil italien frais, émincé

¼ c. à thé de cumin moulu

RENDEMENT : 3 TASSES
(24 OZ/750 G)

- Dans un bol, mélanger les haricots, le porc, le riz, le persil et le cumin.

- Dépendant de l'âge de l'enfant et de son habileté à mastiquer, servir les haricots et le riz tels quels à manger avec les doigts; ou piler les ingrédients en partie ou au complet jusqu'à la consistance qu'il peut avaler; ou encore transférer le mélange dans un robot culinaire ou mélangeur et réduire en une purée grossière ou lisse, en ajoutant un peu d'eau au besoin.

CONSERVATION : Réfrigérer dans un contenant hermétique jusqu'à 2 jours ou remplir un plateau à glaçons ou autre contenant de nourriture pour bébé de portions individuelles, couvrir et congeler jusqu'à 1 mois.

UN BRIN DE VARIÉTÉ : Vous pouvez remplacer le porc par le poulet pour bébé (page 92) ou la dinde pour bébé (page 66). Assurez-vous de hacher les morceaux assez finement selon les habiletés de bébé. Vous pouvez également omettre la viande dans ce plat : la combinaison des haricots et du riz procure une portion complète de protéines et constitue un repas végétarien santé.

Concombres et yogourt à la menthe

Lorsque bébé est prêt à goûter au yogourt, essayez ce plat salé rafraîchissant qui contraste bien avec le yogourt sucré. Achetez des concombres anglais biologiques qui ne sont pas paraffinés et n'ont pas besoin d'être pelés et épépinés. Servez ce plat avec un ragoût de lentilles à l'indienne (page 90) ou un ragoût aux légumes-racines (page 61) ou utilisez-le comme trempette pour accompagner des légumes étuvés.

¼ de concombre anglais moyen

½ tasse (4 oz/125 g) de yogourt nature de lait entier

1 c. à thé de menthe fraîche, hachée finement

une pincée de paprika doux (facultatif)

RENDEMENT : ENVIRON ¾ TASSE (6 OZ LIQ./180 ML)

- Utiliser les gros trous d'une râpe pour râper le concombre et obtenir une quantité d'environ ⅓ tasse (2½ oz/75 g). Mettre le concombre râpé dans un bol et incorporer le yogourt et la menthe. Saupoudrer de paprika, le cas échéant, et servir. Pour marier les saveurs, réfrigérer 30 minutes ou jusqu'à 2 heures.

CONSERVATION : Réfrigérer dans un contenant hermétique jusqu'à 1 jour.

ALIMENTS POUR LA CROISSANCE : Les bébés peuvent manger du yogourt au lait de vache avant de pouvoir boire ce dernier parce que la fermentation décompose le lactose et rend le yogourt plus facile à digérer. Achetez un bon yogourt nature de lait entier biologique au lieu du produit faible en gras; les bébés en pleine croissance ont besoin d'une bonne quantité de gras alimentaires pour favoriser le développement du cerveau.

Yogourt fouetté aux fruits

Maintenant que bébé est assez grand pour manger du yogourt nourrissant, les yogourts fouettés sucrés naturellement aux fruits sont un régal santé très pratique que l'on peut préparer à partir des fruits préférés de notre bambin. Voici une version tropicale crémeuse qui plaira très certainement à bébé.

1 mangue mûre

½ banane

½ tasse (4 oz/125 g) de yogourt nature de lait entier

RENDEMENT : ENVIRON 1 TASSE (8 OZ LIQ./250 ML) DE YOGOURT FOUETTÉ

- Pour préparer la mangue, la dresser sur un bout et, à l'aide d'un couteau aiguisé, trancher de part et d'autre du noyau en frôlant celui-ci au plus près. À l'aide d'un couteau à éplucher, peler chaque moitié, puis couper la chair en petits morceaux.

- Peler la banane et couper en petits morceaux. Dans un robot culinaire ou mélangeur, combiner la mangue, la banane et le yogourt et réduire en une purée lisse.

CONSERVATION : Réfrigérer dans un contenant hermétique jusqu'à 1 jour ou remplir un plateau à glaçons ou autre contenant de nourriture pour bébé de portions individuelles, couvrir et congeler jusqu'à 3 mois. (Une légère décoloration peut survenir durant l'entreposage.)

UN BRIN DE VARIÉTÉ : Préparez des yogourts fouettés avec tout fruit en saison, y compris les bleuets, les mûres, les abricots, les cerises, les nectarines, les pêches ou les papayes. Il vous faut environ ½ tasse (3 oz/90 g) de fruits en tout.

Prunes rôties au gingembre

Rôtir les prunes d'été permet d'en concentrer la saveur et la douceur. Les prunes varient énormément en termes de goût acidulé; alors goûtez-y avant de les offrir à bébé. Si le mélange est un peu acidulé, ajoutez un ingrédient sucré comme de la compote de pommes (page 22).

beurre non salé pour graisser

4 prunes rouges, environ 1 lb (500 g) au total, coupées en deux et dénoyautées

¼ c. à thé de gingembre moulu

RENDEMENT : ENVIRON 1 TASSE (6 OZ/185 G) DE PRUNES

- Préchauffer le four à 400°F (200°C). Beurrer légèrement un plat de cuisson.

- Mettre les prunes, côté coupé vers le haut, dans le plat préparé et saupoudrer de gingembre. Rôtir au four 15 – 20 minutes, jusqu'à ce que les prunes soient tendres et le jus bouillonnant. Retirer du four et laisser refroidir 5 minutes, puis retirer et jeter les pelures.

- Dépendant de l'âge de l'enfant et de son habileté à mastiquer, hacher les prunes grossièrement ou finement. On peut aussi transférer les prunes dans un robot culinaire ou mélangeur et réduire à la consistance que l'enfant peut avaler. Incorporer le jus du plat de cuisson.

  CONSERVATION : Réfrigérer dans un contenant hermétique jusqu'à 3 jours ou remplir un plateau à glaçons ou autre contenant de nourriture pour bébé de portions individuelles, couvrir et congeler jusqu'à 3 mois.

PRÉPARER POUR CONSERVER : En saison, lorsque les prunes sont à leur meilleur, préparez une double recette de ces prunes sucrées au gingembre pour incorporer au yogourt ou au fromage cottage, ou pour accompagner le porc pour bébé (page 96).

9 À 11 MOIS

Ricotta fouettée aux cerises

Le fromage ricotta naturellement sucré et velouté est facile à combiner avec à peu près n'importe quel fruit que bébé affectionne. Ce régal riche en protéines est savoureux en combinaison avec des cerises d'été sucrées de couleur foncée qui sont une excellente source de bêtacarotène et autres antioxydants. Le parfum de vanille peut favoriser le lien entre le sens de l'odorat et du goût.

1 tasse (4 oz/125 g) de cerises sucrées, dénoyautées

½ tasse (4 oz/125 g) de fromage ricotta

½ c. à thé d'extrait de vanille pur sans alcool

RENDEMENT : : ENVIRON 1½ TASSE (12 OZ/375 G) DE FROMAGE RICOTTA

- Mettre les cerises dans un robot culinaire ou mélangeur et réduire en une purée grossière ou lisse. Ajouter un peu d'eau au besoin pour une consistance plus lisse, dépendant de l'âge de l'enfant et de son habileté à mastiquer.

- Dans un bol, fouetter vigoureusement la ricotta, la purée de cerises et la vanille pour obtenir un mélange lisse et velouté. Si désiré, réserver un peu de purée de cerises avant de fouetter le mélange pour ajouter sur la ricotta au moment de servir.

CONSERVATION : Réfrigérer dans un contenant hermétique jusqu'à 2 jours.

UN BRIN DE VARIÉTÉ : Selon les produits en saison et les préférences de bébé, vous pouvez préparer ce régal aux fruits en choisissant parmi les purées de fruits de ce livre.

Repas pour tout-petits

En une courte année, vous avez observé votre bébé faire la transition de bébé maladroit à tout-petit indépendant. Cette transition représente un saut énorme en matière d'habitudes alimentaires. À l'heure actuelle, votre tout-petit très déterminé est sans doute capable de s'alimenter seul une bonne partie du temps, voire tout le temps. Il est également capable de manger bon nombre d'aliments que le reste de la famille consomme.

Ce chapitre propose des mets qui conviennent aux tout-petits aussi bien qu'aux autres membres de la famille tels que le cari aux légumes, les beignets de courgettes et les croquettes de saumon. Vous trouvez également des conseils sur de nouveaux sujets d'inquiétude – quand faut-il le sevrer du biberon et comment tenir votre petit occupé pendant les repas – qui surviennent depuis que votre tout-petit n'est plus un bébé.

Un débordement d'énergie

Maintenant que votre bébé fait officiellement partie des tout-petits, il est toujours en mouvement. Pour maintenir son niveau d'énergie, il lui faut des quantités d'occasions pour remplir son bedon – tout en gardant la petitesse de la chose bien à l'esprit – et vous pouvez lui offrir trois repas et deux collations par jour.

Tendances des tout-petits

Il y a quelques mois à peine, sa principale source de nourriture était le lait maternel ou la préparation pour nourrissons. Aujourd'hui, votre tout-petit consomme davantage d'aliments solides et moins de liquides. De plus, il mange sans doute les mêmes aliments que le reste de la famille.

Habitudes capricieuses

Même si votre tout-petit grandit encore, il le fait plus lentement que durant sa première année. C'est pourquoi votre mangeur jadis affamé ne s'intéresse peut-être pas autant à la nourriture qu'il y a quelques mois. En réalité, il se peut qu'il vous surprenne avec ses caprices : vous le trouverez peut-être affamé un jour et sans grand appétit le lendemain. Ceci est tout à fait normal. En fait, l'appétit des tout-petits correspond la plupart du temps à leurs besoins de croissance, qui varient d'un jour à l'autre. Il mangera suffisamment pour répondre à ses besoins en cumulant plusieurs repas (et même pendant plusieurs jours) pourvu que vous lui offriez une grande variété d'aliments sains. Bien entendu, si vous êtes inquiet parce que votre enfant devient très difficile ou ne gagne pas suffisamment de poids, parlez-en à votre pédiatre.

Se nourrir seul

Votre tout-petit est plus habile à se nourrir seul désormais. À l'approche de ses 15 mois, il sera peut-être en mesure de manipuler la cuillère et la fourchette pour enfant avec facilité. Les plats comme les roulettes au fromage (page 108), les beignets de courgettes (page 116), les doigts de poulet cuits au four (page 128) et les mini-croquettes de saumon (page 127) lui donneront amplement l'occasion de s'exercer.

Rester assis

Si votre tout-petit marche avec confiance, il a peut-être aussi le goût de se promener autour de la cuisine ou de la salle à manger pendant le repas. Il est acceptable de lui rappeler que les gens s'assoient généralement à table pour manger et qu'il pourra sortir de table dès qu'il aura terminé. Encouragez-le à rester assis pendant le repas pour vous permettre de souffler un peu et aussi prévenir les accidents causés par les étouffements.

Adieu bouteille !

Si votre tout-petit boit encore exclusivement au biberon, ou la plupart du temps, c'est le moment idéal pour faire la transition à la tasse. Le fait de boire à la tasse permettra d'assurer qu'il ne se remplit pas de liquide – il n'a besoin que d'environ 2 tasses (16 oz liq./500 ml) de lait maternel ou lait de vache par jour à l'heure actuelle – et aide à prévenir les caries dentaires.

Un apport suffisant en fer

À ce stade, votre tout-petit boit du lait maternel ou lait de vache. Chacun est rempli d'éléments nutritifs mais il importe de les suppléer avec du fer pour alimenter son corps et son cerveau en développement. Voici comment s'assurer qu'il obtient le fer dont il a besoin :

- offrez-lui des céréales enrichies de fer;

- servez-lui souvent de la viande, du poisson et de la volaille – surtout la viande brune – au moins une portion par jour, idéalement;

- assurez-vous qu'il ne boit pas plus de 3 tasses (24 oz liq./750 ml) de lait par jour. Non seulement le lait est-il dépourvu de fer mais les tout-petits qui en boivent trop ont peu d'appétit pour d'autres aliments qui satisfont leurs besoins en fer.

Du gras et une pincée de sel

Même si votre enfant mange en grande partie les mêmes aliments que le reste de la famille, assurez-vous de lui préparer des aliments riches en gras jusqu'à l'âge de deux ans. Le gras est indispensable pour son cerveau en développement et pour d'autres fonctions essentielles; il contient les calories qu'il lui faut pour rassasier son estomac.

Jusqu'à maintenant, vous avez mis le holà sur le sel mais les besoins en sel de votre tout-petit augmentent après son premier anniversaire. Il est donc tout à fait indiqué d'ajouter une pincée de sel à ses aliments.

La sortie au restaurant

Puisque votre tout-petit est plus grand et plus mature, peut-être est-il prêt à aller au restaurant? Amener votre enfant au restaurant est l'une des meilleures façons de l'exposer à de nouveaux aliments.

Le fait de vous observer en train de déguster des aliments peu familiers dans un cadre nouveau et excitant le rend plus apte à faire de même.

Cela étant dit, sortir avec un tout-petit n'est pas gagné d'avance. Voici quelques conseils pour vous faciliter la tâche :

LA FAMILLE D'ABORD : Amenez-le dans un restaurant fréquenté par des familles avec enfants. De cette façon, vous ne serez pas mal à l'aise si votre petit commence à s'agiter.

LE PLUS BREF POSSIBLE : Au début, les tout-petits peuvent avoir de la difficulté à rester assis pendant tout un repas. Écourtez le temps passé à table en commandant un plat principal sans entrée ni dessert.

ÉVITEZ LE MENU POUR ENFANTS : Au lieu de commander des mets insipides du menu pour enfants, laissez-le goûter à ce que vous avez commandé. S'il réclame son propre plat, demandez au serveur de faire préparer une petite assiette de fruits.

APPORTEZ UNE TROUSSE D'ACTIVITÉS : Préparez quelques jouets, livres et crayons pour tenir votre enfant occupé pendant la durée du repas.

Roulettes au fromage

Ce plat de pâtes est si simple et délicieux qu'il déclasse complètement la version prêt-à-manger en boîte. Les petits fleurons tendres de brocoli ajoutent des éléments nutritifs à ce classique des tout-petits. Coupez les fleurons de la même taille que les roulettes pour faciliter la mise en bouche.

12 À 18 MOIS

1 tasse (3 oz/90 g) de pâtes sèches en forme de roues ou macaronis

1 tasse (2 oz/60 g) de fleurons de brocoli, hachés

3 c. à soupe de crème épaisse

1 c. à soupe de beurre non salé

½ tasse (2 oz/60 g) de fromage parmesan râpé

RENDEMENT : ENVIRON 2 TASSES (12 OZ/375 G) DE PÂTES

● Porter à ébullition une casserole remplie aux trois-quarts d'eau légèrement salée. Ajouter les pâtes et cuire 8 minutes, puis ajouter le brocoli, remuer et continuer la cuisson 2 – 3 minutes de plus, jusqu'à ce que les pâtes et le brocoli soient tendres sans être mollasses. Égoutter à fond dans une passoire, en secouant l'excédent d'eau.

● Laisser les pâtes et le brocoli dans la passoire et remettre la casserole sur le feu. Ajouter la crème et le beurre et laisser cuire à feu moyen jusqu'à ce que le beurre soit fondu et la crème bouillonnante. Retirer du feu et incorporer le fromage. Remettre les pâtes et le brocoli dans la casserole et remuer délicatement pour bien mélanger. Laisser tiédir avant de servir.

CONSERVATION : Réfrigérer dans un contenant hermétique jusqu'à 2 jours.

UN BRIN DE VARIÉTÉ : Vous pouvez utiliser n'importe quelle forme de pâtes ou presque telles que les macaronis de blé entier, les penne ou les coquillettes. De plus, vous pouvez remplacer le brocoli par d'autres légumes blanchis : asperges, pois ou chou-fleur, selon ce que vous avez sous la main.

Pâtes à la sauce tomate aux légumes

Les légumes rôtis complètent cette sauce consistante aux tomates et ajoutent une pointe de douceur, tout en fournissant un plein potager d'éléments nutritifs dans un plat qui a la faveur des tout-petits et des parents. Préparez jusqu'à 1 lb (500 g) de pâtes pour servir toute la famille ou cuisez une petite quantité de pâtes pour bébé et conservez le reste de la sauce pour usage ultérieur.

1 petite carotte, pelée et hachée finement

1 petite courgette, pelée et hachée finement

½ petit poivron rouge, pelé et haché finement

1 c. à soupe d'huile d'olive

sel et poivre

½ oignon jaune, haché finement

1 gousse d'ail, émincée

1 grosse boîte de tomates broyées (28-32 oz/875 g–1 kg)

¼ tasse (2 oz liq./60 ml) de bouillon de légumes maison (page 53) ou bouillon de poulet ou légumes du commerce pauvre en sel

pâtes cuites en forme de coquillettes ou penne, pour servir

**RENDEMENT :
ENVIRON 3½ TASSES
(28 OZ/875 G) DE SAUCE**

- Préchauffer le four à 400°F (200°C). Dans un petit plat à rôtir, combiner la carotte, la courgette et le poivron. Arroser de ½ c. à soupe d'huile d'olive et remuer pour enduire. Saupoudrer légèrement de sel et poivre. Rôtir les légumes 20 – 25 minutes en remuant à l'occasion jusqu'à tendreté.

- Entre-temps, dans une grande casserole à feu moyen, faire chauffer la ½ c. à soupe d'huile d'olive restante. Ajouter l'oignon et l'ail et faire revenir environ 5 minutes, jusqu'à ce que l'oignon tombe. Ajouter les tomates et le bouillon, remuer pour mélanger et laisser mijoter doucement 15 – 20 minutes à découvert, jusqu'à ce que la sauce épaississe légèrement. Ajouter les légumes rôtis à la sauce.

- Laisser tiédir la sauce légèrement, puis transférer dans un robot culinaire ou mélangeur et réduire en une purée grossière ou lisse, en procédant par petites quantités au besoin, dépendant de la consistance que l'enfant peut avaler. (On peut également utiliser un mélangeur à main pour réduire la sauce en purée à même la casserole.) Rectifier l'assaisonnement.

- Pour servir, mélanger les pâtes avec assez de sauce pour enduire. Réserver la sauce restante pour un autre usage.

CONSERVATION : Réfrigérer la sauce refroidie et les pâtes séparément dans des contenants hermétiques jusqu'à 3 jours ou congeler la sauce jusqu'à 3 mois.

Quésadilla aux légumes

Pour ce mets apprécié de tout temps, hachez finement les épinards et les champignons pour assurer que les enfants obtiennent un peu de tout dans chaque bouchée, au lieu de tomber sur une grosse feuille d'épinard ou un gros champignon – ce qui peut en rebuter certains. Servez la quésadilla avec du yogourt nature et une salsa légère pour tremper, si désiré.

2 c. à thé d'huile d'olive

5 champignons de Paris ou creminis, nettoyés à la brosse et hachés finement

½ tasse (1 oz/30 g) de jeunes pousses d'épinards bien tassées, hachées finement

2 tortillas de blé entier de 8 po (20 cm)

⅓ tasse (1½ oz/45 g) de fromage Monterey Jack râpé

RENDEMENT : 1 QUÉSADILLA

- Dans une poêle à feu moyen, faire chauffer 1½ c. à thé d'huile d'olive. Ajouter les champignons et faire revenir 2 – 4 minutes jusqu'à ce qu'ils tombent. Ajouter les épinards et cuire 1 – 2 minutes de plus, en remuant, jusqu'à ce que les feuilles tombent et les jus s'évaporent dans la poêle. Transférer le mélange dans une assiette et nettoyer la poêle avec un essuie-tout.

- Ajouter la ½ c. à thé d'huile restante dans la poêle et chauffer à feu moyen. Mettre 1 tortilla dans la poêle et saupoudrer uniformément avec la moitié du fromage. Ajouter le mélange aux épinards et aux champignons par-dessus, en l'étendant uniformément et en laissant un petit espace aux bords. Saupoudrer les légumes du fromage restant et terminer par la deuxième tortilla. Cuire 1 – 2 minutes chaque côté, en tournant une fois avec une spatule large, jusqu'à ce que le fromage soit fondu et la quésadilla dorée des deux côtés.

- Transférer sur une planche à découper et laisser tiédir légèrement avant de trancher en petites pointes.

CONSERVATION : Emballer la quésadilla refroidie dans une pellicule de plastique ou papier d'aluminium et réfrigérer jusqu'à 1 jour.

> **UN BRIN DE VARIÉTÉ :** Pour des protéines supplémentaires, tartinez la première tortilla de haricots cuits en purée tels que pinto, haricots secs ou haricots noirs avant de saupoudrer le fromage. Si votre tout-petit mange de la viande, ajoutez du poulet cuit haché finement.

Salade de fruits tropicaux

En hiver quand les fruits locaux sont limités, achetez des fruits tropicaux pour leur saveur et leur texture veloutée. Cette salade de fruits colorée peut servir de collation santé à votre tout-petit lorsqu'il est prêt à s'aventurer dans les fruits plus exotiques. Les cubes fermes et pourtant tendres sont idéaux pour tremper dans du yogourt à la vanille.

1 petite mangue

¼ papaye moyenne

½ kiwi, pelé et coupé en petits cubes

½ banane, pelée et coupée en petits cubes

yogourt de lait entier à la vanille, pour servir (facultatif)

RENDEMENT : ENVIRON
1 TASSE (6 OZ/185 G) DE SALADE
DE FRUITS

- Pour préparer la mangue, la dresser sur un bout et, à l'aide d'un couteau aiguisé, trancher de part et d'autre du noyau en frôlant celui-ci au plus près. À l'aide d'un couteau à éplucher, peler chaque moitié, puis couper la chair en petits morceaux. Peler et épépiner la papaye et couper en petits cubes.

- Dans un grand saladier, combiner la mangue, la papaye, le kiwi et la banane et bien mélanger. Verser les fruits dans un bol ou une assiette et arroser de yogourt.

CONSERVATION : Réfrigérer la salade de fruits jusqu'à 1 jour.

ALIMENTS POUR LA CROISSANCE : Les mangues mûres – riches en vitamines, minéraux et antioxydants– varient en taille et en couleur selon la variété. Achetez des fruits avec une pelure lisse et sans rides et un parfum léger, qui cèdent à peine à une pression légère.

Le dîner avec les grandes personnes

Vers l'âge d'un an, votre tout-petit est sans doute capable de se nourrir seul et de boire à la tasse. Il est probablement prêt également et même très motivé à se joindre à la famille à table s'il ne l'a pas déjà fait. Voici quelques conseils pour assurer la transition.

Les avantages des repas familiaux

Nourrir un enfant agité en même temps que le reste de la famille peut paraître ardu. Pourtant, le fait d'inclure votre petit aux repas familiaux dès son jeune âge apportera de multiples récompenses plus tard.

De bonnes manières à table

Pour commencer, le fait de manger avec votre tout-petit lui enseigne les bonnes manières à table : dire s'il vous plaît et merci, parler à tour de rôle et éviter de parler la bouche pleine, par exemple. Rappelez-vous que votre tout-petit observe tout ce que vous faites.

Apprendre des autres

En observant les autres membres de la famille, il apprendra plus rapidement à utiliser ses ustensiles et à boire à la tasse. S'attabler avec les adultes et les enfants plus grands l'aidera également à sentir qu'il fait partie de la famille et l'incitera à mieux se tenir à table.

Un intérêt pour les nouveaux aliments

De plus, quand les tout-petits voient des adultes et des enfants plus grands manger des aliments différents, ils sont plus portés à y goûter. En fait, les enfants qui mangent avec leurs parents ont des régimes plus sains, mangent plus de fruits, de légumes et de grains entiers et moins de collations.

Des repas pour toute la famille

Vous voulez que votre petit s'alimente de façon équilibrée mais il n'est peut-être pas prêt à manger exactement les mêmes aliments que le reste de la famille – du moins pas au début.

Voici des conseils pour vous aider à adapter ses repas, de manière à ne préparer qu'un seul repas pour toute la famille.

- Inutile de sacrifier les épices ou la texture pour pouvoir manger les mêmes aliments que votre tout-petit. Vous n'avez qu'à préparer la recette tel qu'indiqué, puis en réserver une petite quantité pour sa portion que vous hachez. Vous pouvez ajouter d'autres épices ou des ingrédients peu familiers après avoir retiré sa portion.

- Combinez dans un même repas des aliments pour enfants et adultes. Par exemple, servez des quésadillas aux légumes (page 111) avec un bifteck grillé et une salsa épicée pour les adultes ou de la bette à cardes sautée à l'ail et des pâtes à la sauce tomate aux légumes (page 110).

- Ajoutez une salade de laitues fraîches en accompagnement de presque toutes les recettes de ce chapitre et du suivant pour faire la transition d'un repas pour enfants à celui pour adultes.

- Doublez ou triplez les recettes pour préparer suffisamment de nourriture pour toute la famille.

Conseils et trucs pour faciliter les repas

COMMENCEZ LENTEMENT

Si vous nourrissez votre petit séparément, commencez tranquillement en l'incluant dans un repas familial par jour (de préférence celui qui est le plus paisible). Il peut se joindre à d'autres repas à mesure qu'il devient de plus en plus à l'aise à table.

CRÉEZ UN MOMENT PRIVILÉGIÉ

En mettant la table, en décrochant le téléphone et en éteignant le téléviseur, vous signifiez à votre tout-petit que le repas est un moment passé en famille.

FAITES DES REPAS COURTS

Puisque les tout-petits ont du mal à rester assis longtemps tranquilles, vous pourriez choisir de le laisser quitter la table une fois son repas terminé. Gardez un panier de jouets et de livres à proximité pour l'occuper pendant que vous terminez le repas.

DONNEZ L'EXEMPLE

À votre insu, votre tout-petit vous observe. En fait, quand il s'agit d'habitudes alimentaires, d'attitudes envers la nourriture et de manières à table, votre tout-petit suivra votre exemple. Si vous mangez une bonne variété d'aliments, placez votre serviette sur vos genoux et dites s.v.p. et merci, votre enfant apprendra rapidement à faire de même.

ACCEPTEZ QU'IL NE MANGE PAS TOUT CE QUE VOUS PRÉPAREZ

En permettant à votre tout-petit parfois difficile de choisir parmi les aliments offerts, vous pouvez prévenir les batailles durant les repas.

ÉTABLISSEZ UNE ROUTINE

Prendre les repas à la même heure tous les jours facilitera la tâche de maintenir un horaire fixe pour l'alimentation en évitant les collations à l'improviste.

DÉVELOPPEZ LES MANIÈRES À TABLE

Au début, votre tout-petit préfère manger avec les doigts. Le temps idéal pour l'encourager doucement à utiliser une fourchette et une cuillère est entre 15 et 18 mois.

PARLEZ À VOTRE ENFANT

Impliquer votre petit dans des conversations amicales lui fera sentir qu'il a sa place à la table.

CHOISISSEZ LE BON SIÈGE

La chaise haute ne convient sans doute plus tout à fait à votre tout-petit. La transition vers le siège d'appoint le mettra plus à l'aise et lui donnera le sentiment d'être grand.

Beignets de courgettes

Les enfants adorent tremper leur nourriture dans des sauces délicieuses. Ces croquettes de courgettes poêlées sont croustillantes à souhait et tendre à l'intérieur – idéales pour tremper. Votre tout-petit ne saura jamais que ces beignets nutritifs sont une façon de « manger ses légumes ». Servez-les avec du yogourt nature de lait entier ou du fromage de chèvre aux herbes (page 152).

12 À 18 MOIS

2 courgettes moyennes, parées

¼ c. à thé de sel

6 c. à soupe (2 oz/60 g) de semoule de maïs

2 c. à soupe de farine tout usage

½ c. à thé de levure chimique

¼ c. à thé de paprika doux

1 gros œuf, légèrement battu

1 – 2 c. à soupe d'huile de canola

RENDEMENT : ENVIRON 10 BEIGNETS

- Utiliser les gros trous d'une râpe pour râper les courgettes dans un bol pour obtenir une quantité d'environ 2 tasses (10 oz/315 g). Mélanger les courgettes et le sel et laisser reposer 15 minutes pour dégorger. Envelopper les courgettes dans un linge propre et essorer. Remettre dans le bol.

- Dans un petit bol, mélanger la semoule de maïs, la farine, la levure chimique et le paprika. Ajouter les courgettes et l'œuf et bien mélanger.

- Dans une grande poêle, chauffer 1 c. à soupe de l'huile à feu moyen-vif, en tournant la poêle pour l'enduire uniformément. Verser la préparation dans la poêle, une cuillère à soupe à la fois, en utilisant le dos de la cuillère pour aplatir chaque portion en une galette. Cuire 3 – 4 minutes en tout en retournant une fois, jusqu'à ce que les beignets soient bien dorés.

- Transférer les beignets frits dans une assiette tapissée de papier essuie-tout pour égoutter. Ajuster le feu et ajouter de l'huile dans la poêle au besoin pour cuire le reste de la préparation. Laisser tiédir avant de servir.

  CONSERVATION : Enveloppez les beignets refroidis dans du papier d'aluminium et réfrigérer jusqu'à 2 jours; réchauffez-les dans le four à basse température.

Cari végétarien

Servez ce cari jaune et ensoleillé avec du riz étuvé et du yogourt nature. Les pois mange-tout et les bouchées tendres de chou-fleur procurent des fibres et des vitamines aux petits mangeurs. Si votre tout-petit est habitué aux mets plus épicés, vous pouvez utiliser une poudre de cari plus relevée. On peut servir les restes aux tout-petits dans des mini-pitas de blé entier.

1 c. à soupe d'huile d'olive

½ oignon jaune, émincé

2 pommes de terre jaunes moyennes, pelées et coupées en morceaux de ½ po (12 mm)

½ chou-fleur (petit), nettoyé et coupé en morceaux de ½ po (12 mm)

1 tasse (5 oz/155 g) de petits pois frais ou surgelés

1¼ tasse (10 oz liq./310 ml) de bouillon de légumes maison (page 53), bouillon de légumes du commerce ou eau

1 c. à thé de poudre de cari jaune légère

½ c. à thé de cumin moulu

½ c. à thé de paprika moulu

¼ c. à thé de sel

½ tasse (4 oz liq./125 ml) de lait de coco

RENDEMENT : ENVIRON 1½ TASSE (12 OZ/375 G) DE CARI

• Dans une poêle, chauffer l'huile d'olive à feu moyen. Ajouter l'oignon et faire revenir 3 – 5 minutes, jusqu'à ce qu'il soit tendre. Ajouter les pommes de terre, le chou-fleur, les pois, le bouillon, la poudre de cari, le cumin, le paprika et le sel. Augmenter à feu moyen-vif et porter à ébullition. Réduire à feu moyen-doux, couvrir et laisser mijoter environ 15 minutes, en remuant à l'occasion, jusqu'à ce que les pommes de terre et le chou-fleur soient très tendres. Ajouter 1 – 2 c. à soupe d'eau à la poêle au besoin si le mélange commence à coller.

• Incorporer le lait de coco et cuire 1 minute de plus à découvert jusqu'à ce qu'il soit chaud. Retirer du feu et laisser tiédir avant de servir. Dépendant de l'âge de l'enfant et de son habileté à mastiquer, piler les légumes jusqu'à la consistance qu'il peut avaler.

CONSERVATION : Réfrigérer dans un contenant hermétique jusqu'à 3 jours ou congeler jusqu'à 3 mois.

ALIMENTS POUR LA CROISSANCE : Les petits pois sucrés et le lait de coco naturellement sucré se complètent bien et à eux deux fournissent une dose impressionnante d'éléments nutritifs. Les pois sont riches en fer et niacine et en vitamines A et C alors que le lait de coco – considéré un « superaliment » est riche en fibres, vitamine C, calcium, fer et contient de nombreux minéraux essentiels.

Pizza pita

Ces petits sandwichs ouverts exercent un attrait certain sur les tout-petits qui aspirent à manger comme les grands. Ils peuvent être adaptés aux goûts de votre enfant. Vous pouvez même en faire une séance de bricolage à la cuisine en laissant votre tout-petit « décorer » ses collations santé. Achetez des concombres anglais biologiques pour ne pas avoir à les peler.

1 mini-pain pita de blé entier

1 c. à soupe de trempette crémeuse à l'hoummos (page 82) ou hoummos du commerce

4 tranches minces de concombre

2 c. à thé de poivron rouge rôti, haché finement

2 c. à thé d'olives tranchées

2 c. à thé de fromage feta ou chèvre, émietté

RENDEMENT : 1 MINI PIZZA

● Dans un grille-pain ou dans une poêle sans gras, griller légèrement le pain pita à feu moyen. Déposer sur une planche à découper et tartiner de hoummos. Disposer les tranches de concombre, le poivron rôti, les olives et le fromage par-dessus. Trancher la pizza en petites pointes que l'enfant peut manger et servir.

UN BRIN DE VARIÉTÉ : Pour une collation géniale sur le pouce, ouvrez le pain pita et insérez les ingrédients à l'intérieur au lieu de les disposer par-dessus pour en faire une pochette. Pour une pizza mexicaine savoureuse, tartiner le pain pita grillé de haricots pinto ou noirs frits et garnir de tomates cerises hachées et de fromage cheddar râpé.

Soupe à l'alphabet

Cette soupe est rapide à assembler et une bonne façon de nourrir les tout-petits de légumes, de haricots et de pâtes au moyen d'un mets tout-en-un équilibré. Le fromage parmesan donne suffisamment de saveur à la soupe pour éviter d'ajouter plus de sel.

2 c. à thé d'huile d'olive

½ oignon jaune, haché finement

1 gousse d'ail, émincée

2½ tasses (20 oz liq./625 ml) de bouillon de légumes maison (page 53) ou bouillon de légumes ou poulet pauvre en sel du commerce

1 petite carotte, pelée et hachée finement

1 petite courgette, parée et hachée finement

8-10 haricots verts, parés et coupés en longueurs de ½ po (12 mm)

1 tasse (7 oz/220 g) de haricots blancs cuits, rincés et égouttés

1 tasse (8 oz/250 g) de tomates broyées en conserve

¼ tasse (¾ oz/20 g) de pâtes alphabet ou orzo

¼ c. à thé d'origan séché

4 c. à soupe (1 oz/30 g) de fromage parmesan râpé

RENDEMENT : ENVIRON 4 TASSES (32 OZ LIQ./1 LITRE) DE SOUPE

● Dans une casserole, chauffer l'huile d'olive à feu moyen. Ajouter l'oignon et l'ail et cuire environ 5 minutes en remuant souvent jusqu'à ce qu'ils ramollissent. Ajouter le bouillon et la carotte et porter à ébullition. Couvrir et cuire 5 minutes, puis ajouter la courgette, les haricots verts et blancs, les tomates, les pâtes et l'origan et remuer pour bien mélanger. Laisser mijoter et cuire environ 10 minutes, en couvrant partiellement et en remuant à l'occasion, jusqu'à ce que les pâtes et les légumes soient tendres.

● Retirer du feu et incorporer le fromage. Verser à la louche dans des assiettes creuses, laisser tiédir puis servir.

CONSERVATION : Réfrigérer dans un contenant hermétique jusqu'à 3 jours ou congeler jusqu'à 3 mois.

UN BRIN DE VARIÉTÉ : Vous pouvez ajouter d'autres légumes selon ce que vous avez sous la main. Une poignée de feuilles d'épinard fraîches, des asperges hachées ou des grains de maïs frais ou surgelés sont tous des ajouts délicieux et sains.

Ragoût de légumes d'été

Ce ragoût de légumes d'été coloré au goût rafraîchissant permet d'introduire le goût du terroir et la texture moelleuse de l'aubergine de délicieuse façon. La jolie aubergine violette contient entre autres de bonnes quantités de fibres, de folates et de vitamines B6 et C. Les minces aubergines japonaises, au goût plus léger et à la pelure mince, sont un bon choix.

1 c. à soupe d'huile d'olive

½ oignon jaune, haché finement

1 petite gousse d'ail, émincée

1 courgette moyenne, parée et hachée finement

1 aubergine japonaise, parée et hachée finement

½ poivron rouge, épépiné et haché finement

1 tasse (6 oz/185 g) de tomates en dés fraîches ou en conserve

1 tasse (8 oz liq./250 ml) de bouillon de légumes maison (page 53) ou bouillon de légumes ou poulet pauvre en sel du commerce

¼ c. à thé de sel

1 c. à soupe de basilic frais, haché

RENDEMENT : ENVIRON 3 TASSES (24 OZ LIQ./750 ML) DE RAGOÛT

- Dans une casserole à feu moyen, faire chauffer l'huile d'olive. Ajouter l'oignon et l'ail et cuire 3 – 5 minutes en remuant souvent jusqu'à ce qu'ils soient ramollis et dégagent leur arôme. Ajouter la courgette, l'aubergine et le poivron rouge et faire revenir environ 2 minutes, jusqu'à ce qu'ils soient ramollis. Ajouter les tomates, le bouillon et le sel et laisser mijoter environ 10 minutes à découvert pour marier les saveurs.

- Retirer du feu et incorporer le basilic. Verser à la louche dans des assiettes creuses, laisser tiédir puis servir.

CONSERVATION : Réfrigérer dans un contenant hermétique jusqu'à 2 jours ou congeler jusqu'à 1 mois.

ALLERTE AUX ALLERGIES : Les tomates, les aubergines et les poivrons appartiennent à la famille des solanacées auxquelles certaines personnes sont allergiques ou développent une sensibilité. Si une éruption survient autour de la bouche après avoir mangé des tomates, des poivrons ou des aubergines, cessez d'en donner à votre bébé ou tout-petit et avisez votre pédiatre.

Polenta crémeuse au poulet

La polenta sucrée au goût de noix est un bon choix pour les petits et permet de varier le menu habituel de riz et de pâtes. La polenta instantanée possède une texture crémeuse semblable à la crème de blé et cuit en cinq minutes. Servez-la avec des « fleurons » de brocolis étuvés en accompagnement santé que les tout-petits peuvent tremper dans la polenta et la sauce.

1 moitié de poitrine de poulet désossée sans la peau d'environ 8 oz (250 g)

1 c. à thé d'huile d'olive

1 c. à thé de jus de citron frais

⅛ c. à thé de paprika doux

sel

½ tasse (3½ oz/105 g) de polenta instantanée

6 c. à soupe (1½ oz/45 g) de fromage parmesan râpé

2 c. à thé de beurre non salé

1 tasse (8 oz liq./250 ml) de sauce tomate aux légumes (page 110) ou sauce tomate au choix

RENDEMENT : ENVIRON 4 PORTIONS

- Préchauffer le four à 400°F (200°C). Mettre le poulet dans un plat de cuisson et l'arroser avec l'huile d'olive et le jus de citron. Frotter avec le paprika et une pincée de sel. Cuire 22-25 minutes, jusqu'à ce qu'il soit opaque de part en part et ait perdu sa teinte rosée. Transférer sur une planche à découper et laisser refroidir. Couper ou émincer en bouchées que le tout-petit peut avaler dépendant de son âge et de son habileté à mastiquer.

- Dans une casserole, porter 2 tasses (16 oz liq./500 ml) d'eau légèrement salée à ébullition. Incorporer la polenta en fouettant et laisser mijoter. Réduire le feu pour maintenir un petit frémissement et cuire 3 – 5 minutes ou selon les indications de l'emballage, en remuant souvent, jusqu'à ce que la polenta soit épaissie et ne soit plus granuleuse. (Attention aux éclaboussures en remuant; réduire le feu si la polenta bout.) Retirer du feu et incorporer 4 c. à soupe (1 oz/30 g) de fromage et le beurre. Réserver 10 minutes pour laisser refroidir.

- Dans une autre casserole, chauffer la sauce tomate à feu moyen-doux. Verser la polenta tiède dans des assiettes creuses et garnir des morceaux de poulet. Verser la sauce par-dessus, saupoudrer des 2 c. à soupe de fromage restant et servir.

  CONSERVATION : Réfrigérer le poulet cuit et la polenta séparément dans des contenants hermétiques jusqu'à 3 jours.

Chaussons au poulet et aux légumes

Ces délicieux chaussons fourrés de poulet tendre, de fromage fondu et de maïs sucré, sont idéals à manger avec les doigts pour le goûter ou le repas du midi. Si les petits cubes sont trop difficiles à mastiquer pour votre tout-petit, émincez le poulet en plus petites bouchées.

1 c. à soupe d'huile d'olive

1 poireau, la partie blanche et vert tendre seulement, tranché finement (environ ⅔ tasse (2 oz/60 g) au total)

⅔ tasse (4 oz/125 g) de maïs frais ou surgelé

1¼ tasse (7½ oz/235 g) de poitrine de poulet cuit émincé finement

½ tasse (2 oz/60 g) de fromage cheddar blanc, râpé

sel et poivre

2 feuilles de pâte feuilletée, dégelées

farine tout usage pour saupoudrer

1 gros œuf, légèrement battu

RENDEMENT :
ENVIRON 16 CHAUSSONS

- Dans une poêle, chauffer l'huile d'olive à feu moyen. Ajouter le poireau et faire revenir 5 – 8 minutes pour l'attendrir. Ajouter le maïs et cuire 2 – 3 minutes de plus jusqu'à tendreté. Retirer du feu et laisser le mélange tiédir, puis incorporer le poulet et le fromage. Assaisonner au goût.

- Déplier 1 feuille de pâte feuilletée dégelée sur une surface de travail légèrement farinée. À l'aide d'un rouleau à pâte, abaisser à une épaisseur d'environ ⅛ po (3 mm). À l'aide d'un emporte-pièce rond de 3 po (7,5 cm), découper 8 ronds et disposer sur une plaque à pâtisserie. Répéter avec l'autre feuille de pâte feuilletée.

- Mettre 1 – 2 c. à soupe du mélange au poulet sur une moitié de chaque rond. Badigeonner les bords du rond avec l'œuf battu et plier l'autre moitié de pâte sur la garniture pour faire un chausson. Pincer les bords pour coller, puis denteler avec une fourchette pour sceller. Piquer les chaussons en plusieurs endroits avec la fourchette. Badigeonner les dessus avec l'œuf battu. Réfrigérer environ 20 minutes.

- Préchauffer le four à 400°F (200°C). Transférer les chaussons directement du réfrigérateur au four et cuire 16 – 18 minutes, jusqu'à ce qu'ils soient gonflés et dorés. Laisser tiédir et servir.

CONSERVATION : Envelopper les chaussons au poulet dans du papier d'aluminium et réfrigérer jusqu'à 2 jours ou congeler jusqu'à 1 mois. Dégeler au réfrigérateur et réchauffer dans le four à basse température.

Mini-croquettes de saumon

Combinez ces croquettes de saumon moelleuses avec des asperges coupées et étuvées pour un repas printanier. Les mini-croquettes sont idéales comme amuse-gueule pour les adultes également – vous n'avez qu'à doubler la recette.

1 tranche de pain de blé entier

1 filet de saumon paré sans la peau d'environ ⅔ lb (10 oz/315 g), haché finement

1 oignon vert, la partie blanche et vert pâle, émincé

1 c. à thé de jus de citron frais

1 gros œuf, légèrement battu

sel

1 c. à soupe d'huile de canola, ou plus au besoin

RENDEMENT : 8 MINI-CROQUETTES

- Dans un robot culinaire, réduire la tranche de pain en chapelure pour obtenir environ ½ tasse (1 oz/30 g). Dans un bol, combiner la chapelure, le saumon, l'oignon vert, le jus de citron, l'œuf et un peu de sel au goût. Mélanger délicatement.

- Répartir le mélange en 8 portions et former une petite galette avec chaque portion. Disposer les galettes dans une assiette, couvrir d'une pellicule de plastique et réfrigérer 5 – 10 minutes.

- Dans une grande poêle, chauffer l c. à soupe d'huile à feu moyen. Ajouter les croquettes de saumon et cuire environ 3 minutes, jusqu'à ce qu'elles soient dorées d'un côté. Retournez-les, ajouter un peu d'huile dans la poêle au besoin pour empêcher les croquettes de coller et cuire 2 – 3 minutes de plus, jusqu'à ce qu'elles soient bien dorées sur l'autre côté, spongieuses au toucher et cuites au centre. Laisser tiédir puis servir.

CONSERVATION : Envelopper dans une pellicule de plastique et réfrigérer jusqu'à 1 jour.

UN BRIN DE VARIÉTÉ : Pour préparer une trempette délicieuse pour les croquettes, incorporez un peu de moutarde de Dijon, une giclée de jus de citron frais et un peu d'oignon vert ou d'aneth frais émincé dans du yogourt nature de lait entier.

12 À 18 MOIS

Doigts de poulet au four

Ne soyez pas étonné si ces bouchées de poulet croustillantes gagnent la faveur des adultes de la maison. Les flocons plus grossiers de la chapelure panko japonaise ajoutent du croquant. Combinez du yogourt nature de lait entier avec un peu de moutarde au miel pour faire une trempette ou accompagnez les doigts de poulet de sauce tomate aux légumes (page 110).

12 À 18 MOIS

1 c. à soupe de beurre fondu, et un peu plus pour graisser

1 lb (500 g) de moitiés de poitrine de poulet désossées sans la peau

2 gros œufs

1¼ tasse (5 oz/155 g) de panko ou chapelure fine

¼ c. à thé de sel

¼ c. à thé de paprika doux

RENDEMENT : ENVIRON 20 DOIGTS DE POULET

- Préchauffer le four à 425°F (220°C). Tapisser une plaque à pâtisserie de papier d'aluminium et beurrer légèrement.

- En travaillant avec 1 moitié de poitrine de poulet à la fois, la mettre entre 2 feuilles de pellicule de plastique. À l'aide du côté plat d'un maillet ou rouleau à pâte, aplatir délicatement à une épaisseur uniforme d'environ ¾ po (12 mm).

- Dans un bol, battre les œufs légèrement. Dans un autre bol, mélanger la chapelure, la c. à soupe de beurre fondu, le sel et le paprika. Tremper les morceaux de poulet dans l'œuf battu, puis dans la chapelure, en tournant pour bien enduire. Disposer sur la plaque à pâtisserie préparée.

- Cuire au four environ 12 minutes, jusqu'à ce que la chapelure soit bien dorée et le poulet opaque de part en part sans teinte rosée au centre. Laisser tiédir puis servir.

CONSERVATION : Envelopper dans du papier d'aluminium et réfrigérer jusqu'à 2 jours ou congeler jusqu'à 1 mois. Réchauffer au four à basse température.

UN BRIN DE VARIÉTÉ : Pour préparer des bâtonnets de poisson croustillants, remplacez le poulet par des filets de poisson parés sans la peau tels que saumon ou tilapia. Assurez-vous que toutes les arêtes ont été retirées du poisson. Cuisez tel qu'indiqué.

Soupe poulet et nouilles

Cette version adaptée pour les tout-petits d'un mets réconfortant par excellence est suffisamment délicieuse et consistante pour nourrir toute la famille. Achetez des étoiles, des formes de l'alphabet ou des fedelini (vermicelles minces coupées en longueur); sinon coupez des spaghettis ou des linguines en petites longueurs. Pour faciliter la conservation, congelez la soupe en petites quantités avant d'ajouter les pâtes.

1 moitié de poitrine de poulet avec le dos, sans la peau d'environ 6 oz (185 g)

4 tasses (32 oz liq./1 litre) de bouillon de poulet pauvre en sel

1 c. à soupe d'huile d'olive

1 poireau moyen, la partie blanche et vert tendre seulement, coupé en deux sur la longueur et tranché finement

1 carotte moyenne, pelée et hachée finement

1 branche de céleri, hachée finement

1 tige de thym frais

½ tasse (1½ oz/45 g) de petites formes de pâtes sèches ou fedelini

RENDEMENT : ENVIRON 4 TASSES (32 OZ LIQ./1 LITRE) DE SOUPE

- Dans une casserole, combiner le poulet avec le bouillon et porter à ébullition. Réduire à feu doux, couvrir et laisser mijoter environ 20 minutes, jusqu'à ce que le poulet soit complètement cuit. Transférer le poulet sur une planche à découper et laisser refroidir. Transférer le bouillon dans un bol résistant à la chaleur et réserver.

- Dans la même casserole, chauffer l'huile d'olive à feu moyen. Ajouter le poireau, la carotte, le céleri et le thym et faire revenir environ 10 minutes, jusqu'à ce que les légumes soient tendres. Retirer du feu et réserver. Couper ou émincer le poulet refroidi en morceaux que l'enfant peut manger dépendant de son âge et de son habileté à mastiquer. Jeter les os. Ajouter le poulet dans la poêle avec les légumes. Verser le bouillon réservé et remuer pour bien mélanger.

- Remplir une casserole d'eau aux trois quarts et porter à ébullition à feu vif. Ajouter les pâtes et cuire selon les indications de l'emballage jusqu'à ce qu'elles soient tendres mais encore fermes. Lorsque les pâtes sont cuites, égoutter et incorporer à la soupe. Retirer la tige de thym, verser la soupe à la louche dans des bols et servir.

CONSERVATION : Réfrigérer dans un contenant hermétique jusqu'à 2 jours ou congeler jusqu'à 1 mois.

UN BRIN DE VARIÉTÉ : Dépendant des goûts de votre tout-petit, remplacer les pâtes par 1 tasse (5 oz/155 g) de riz ou d'orge cuit ou expérimentez avec diverses formes de pâtes.

12 À 18 MOIS

Nouilles asiatiques

Cette version simplifiée du pad thaï et adaptée pour les enfants a des chances de devenir un classique pour les repas en semaine. Assurez-vous d'utiliser une grande poêle pour pouvoir mélanger les nouilles, les bouchées de tofu et les pois sugar snap; ils se mangent volontiers avec les doigts. Les petits mangeurs ont tendance à apprécier les nouilles et les bouchées de tofu et de pois sugar snap qui se mangent volontiers avec les doigts.

12 À 18 MOIS

4 oz (125 g) de nouilles au riz (environ 1½ tasse)

2 c. à soupe de jus de lime frais

1 c. à soupe de ketchup

1 c. à soupe de bouillon de légumes ou poulet pauvre en sel

½ c. à soupe de cassonade

1 c. à soupe d'huile de canola

1 échalote, hachée finement

1 gousse d'ail, émincée

1 tasse (5 oz/155 g) de pois sugar snap, hachés finement

½ poivron rouge ou jaune, épépiné et tranché finement

½ tasse (4 oz/125 g) de tofu nature ferme, coupé en petits cubes

2 c. à soupe de coriandre fraîche

RENDEMENT : ENVIRON 2½ TASSES (15 OZ/470 G) DE NOUILLES

- Porter à ébullition une casserole remplie d'eau aux trois-quarts. Ajouter les nouilles et cuire selon les indications de l'emballage, jusqu'à ce qu'elles soient tendres mais fermes. Égoutter à fond et réserver.

- Dans un petit bol, combiner le jus de lime, le ketchup, le bouillon et la cassonade. Réserver.

- Dans une poêle, chauffer l'huile à feu moyen. Ajouter l'échalote et l'ail et cuire 1 – 2 minutes, jusqu'à ce qu'ils dégagent leur arôme. Ajouter les pois sugar snap et le poivron et cuire 3 – 4 minutes, en remuant souvent, jusqu'à ce que les légumes ramollissent. Ajouter le tofu, les nouilles cuites et le mélange au jus de lime et cuire 2 – 3 minutes de plus en remuant pour mélanger et chauffer. Couper les nouilles et les légumes en morceaux que l'enfant peut manger dépendant de son âge et de son habileté à mastiquer. Laisser tiédir, saupoudrer de coriandre et servir.

CONSERVATION : Réfrigérer dans un contenant hermétique jusqu'à 2 jours.

UN BRIN DE VARIÉTÉ : Ce plat de nouilles classique est non seulement adapté pour les enfants mais vraiment pratique. Ajoutez ½ tasse (3 oz/90 g) de crevettes californiennes (bay shrimp) cuites ou du poulet émincé cuit avec le tofu ou en remplacement de celui-ci.

Ragoût de bœuf pour bébé

Quand la température dégringole, essayez ce ragoût de bœuf et de légumes consistant que le reste de la famille peut également déguster. Les légumes préférés des petits mangeurs y sont, avec les aromates et un peu de poivre pour un palais qui se développe, du bœuf tendre à souhait et du bon jus rempli de vitamines que votre tout-petit peut ramasser à la cuillère.

12 À 18 MOIS

2 c. à thé d'huile d'olive

1 lb (500 g) de bœuf à ragoût, coupé en morceaux de ½ po (12 mm)

sel et poivre

½ oignon jaune, haché finement

1 gousse d'ail, émincée

1 c. à thé de romarin frais, émincé

2 pommes de terre Yukon Gold ou rouges, environ 12 oz (375 g) au total, coupées en morceaux de ½ po (12 mm)

2 carottes, pelées et hachées finement

1 tomate moyenne, évidée et hachée finement

1½ tasse (12 oz liq./375 ml) de bouillon de légumes maison (page 53) ou bouillon de poulet ou légumes pauvre en sel du commerce

RENDEMENT : ENVIRON 4 TASSES (32 OZ LIQ./1 LITRE) DE RAGOÛT

- Dans une petite marmite, chauffer l'huile d'olive à feu moyen-vif. Saler et poivrer légèrement le bœuf et ajouter à la marmite. Cuire 3 – 4 minutes en retournant les morceaux jusqu'à ce que la viande soit dorée. Transférer dans une assiette. Laisser les jus de cuisson dans la marmite à feu moyen-vif.

- Ajouter l'oignon, l'ail, le romarin et 2 c. à soupe d'eau et cuire environ 5 minutes, en grattant les résidus de cuisson, jusqu'à ce qu'un arôme se dégage. Remettre le bœuf dans la marmite avec le jus accumulé dans l'assiette. Ajouter les pommes de terre, les carottes, la tomate et le bouillon et remuer pour bien mélanger. Couvrir et porter à ébullition. Réduire à feu doux et laisser mijoter 1 – 1½ heure environ, jusqu'à ce que le bœuf et les légumes soient très tendres.

- Émincer ou piler le bœuf et les légumes pour obtenir des bouchées que l'enfant peut manger dépendant de son âge et de son habileté à mastiquer. Laisser tiédir, puis verser à la louche dans des bols et servir.

CONSERVATION : Réfrigérer dans un contenant hermétique jusqu'à 2 jours ou congeler jusqu'à 1 mois.

ALIMENTS POUR LA CROISSANCE : Le bœuf à ragoût précoupé est rempli de protéines, savoureux et facile à trouver. Il provient des parties plus coriaces du bœuf mais devient tendre à souhait lorsqu'on le fait mijoter à petit feu, ce qui le rend facile à déchiqueter et à mastiquer pour les tout-petits. Assurez-vous de ne pas faire bouillir le liquide pour ne pas durcir la viande.

Mini-boulettes de viande

Les boulettes de viande sont un mets préféré des tout-petits et des grands et cette recette pourra nourrir toute la famille. Les boulettes sont juste de la taille qu'il faut pour une bouchée et les petites formes de pâtes sont idéales pour les tout-petits qui s'exercent à utiliser la cuillère et la fourchette. Les restes sont faciles à congeler et peuvent être dégelés en petites quantités pour préparer des repas faciles et rapides.

huile de cuisson en aérosol pour graisser

½ tasse (1 oz/30 g) de chapelure fraîche de blé entier

3 c. à soupe de lait entier

1 c. à thé d'origan frais émincé ou ½ c. à thé d'origan séché

½ c. à thé de sel

¼ c. à thé de poivre

1 gros œuf, légèrement battu

1 lb (500 g) de bœuf haché

2 tasses (16 oz liq./500 ml) de sauce tomate aux légumes (page 110) ou sauce tomate au choix

pâtes sèches cuites telles que coquillettes ou penne, pour servir

RENDEMENT : ENVIRON 45 MINI-BOULETTES

- Préchauffer le four à 400°F (200°C). Tapisser une plaque à pâtisserie à rebords de papier d'aluminium et enduire légèrement d'huile.

- Dans un bol, mélanger la chapelure et le lait. Laisser reposer 5 minutes. Ajouter l'origan, le sel, le poivre et l'œuf. Mélanger les ingrédients avec les mains tout juste pour les combiner. Ajouter le bœuf et mélanger délicatement avec les mains sans trop pétrir. Utiliser une cuillère à thé pour mesurer la viande et rouler en une mini-boulette. Disposer les boulettes uniformément sur la plaque préparée. Cuire au four 10 – 12 minutes jusqu'à ce qu'elles soient dorées et cuites de part en part. La température interne doit atteindre 160°F (71°C) sur un thermomètre à viande.

- Entre-temps, chauffer la sauce tomate dans une casserole à feu moyen-doux. Transférer les boulettes dans la sauce et remuer pour mélanger. Laisser tiédir. Pour servir, ajouter 1 – 3 boulettes à chaque portion de pâtes cuites, avec un peu de sauce. Couper les boulettes à la taille qui convient à l'enfant dépendant de son âge et de son habileté à mastiquer.

CONSERVATION : Réfrigérer dans un contenant hermétique jusqu'à 3 jours ou congeler jusqu'à 3 mois.

UN BRIN DE VARIÉTÉ : Ajoutez les boulettes de viande à des plats de pâtes, des soupes et de la polenta; ou préparez des sandwichs aux mini-boulettes avec de la sauce tomate et du fromage fondu.

Mini-crêpes aux framboises

Ces petites crêpes sont idéales pour les petits-déjeuners ou en collation le matin et donnent l'occasion à bébé de se joindre à un repas familial qui plaira assurément à tous. Enveloppez les restes dans du papier d'aluminium et congelez-les. Réchauffez-les au grille-pain un matin où vous êtes pressé.

1 tasse (4 oz/125 g) de framboises fraîches

¾ tasse (6 oz liq./170 ml) de sirop d'érable pur

1½ tasse (7½ oz/235 g) de farine tout usage

1 c. à soupe de sucre

1 c. à soupe de levure chimique

½ c. à thé de sel

1 tasse (8 oz liq./250 ml) de lait entier

2 gros œufs

4 c. à thé de beurre non salé, fondu, et un peu plus pour la cuisson

1 c. à thé d'extrait de vanille pur non alcoolisé

RENDEMENT : ENVIRON 12 MINI-CRÊPES

- Dans une casserole, combiner les framboises avec le sirop d'érable et faire mijoter à feu moyen, puis retirer du feu. Utiliser une fourchette pour écraser une partie des framboises. Laisser refroidir.

- Dans un bol, combiner la farine, le sucre, la levure chimique et le sel. Dans un grand bol, fouetter le lait, les œufs, le beurre fondu et la vanille. Ajouter le mélange à la farine et remuer tout juste pour mélanger.

- Chauffer une grande poêle à feu moyen et ajouter 1 c. à thé de beurre. Lorsque le beurre est fondu, tourner la poêle pour bien l'enduire. À l'aide d'une cuillère à soupe, verser la pâte dans la poêle pour former des mini-crêpes, en prenant soin de ne pas surcharger la poêle. Cuire environ 2 minutes, jusqu'à ce que les bords soient pris et les dessus couverts de bulles. Tourner les crêpes avec une spatule et cuire environ 2 minutes de plus, jusqu'à ce qu'elles soient dorées. Répéter avec la pâte restante en ajoutant du beurre dans la poêle au besoin. Servir les crêpes en les arrosant de sauce aux framboises.

CONSERVATION : Envelopper les crêpes restantes dans du papier d'aluminium et congeler jusqu'à 1 mois. Réfrigérer la sauce aux framboises dans un contenant hermétique jusqu'à 3 jours ou congeler jusqu'à 3 mois.

UN BRIN DE VARIÉTÉ : Vous pouvez utiliser cette même pâte pour faire des gaufres. Utilisez un gaufrier chaud pour cuire la pâte jusqu'à ce qu'elle soit dorée, selon les indications du fabricant. Coupez les gaufres en lanières et trempez-les dans la sauce.

Le plaisir de manger

Les tout-petits sont réputés pour être difficiles.
Ne soyez pas surpris si nourrir un enfant
auparavant si facile devient un défi extrême.
La bonne nouvelle : il est toujours possible de faire
régner la sérénité à table avec votre tout-petit
entêté. La clé est d'éviter les batailles aux repas
et de reconnaître les signes quand il en a assez.

Ce chapitre se concentre sur les façons de rendre
les repas plus agréables. Créez la surprise avec un
petit-déjeuner au repas de midi (pages 158-159).
Donnez-lui ses légumes en les dissimulant
dans des pommes de terre en forme de
barquette (page 144) ou des calzones au
fromage (page 167). Et puisque les tout-petits
sont facilement distraits et ont un tout petit
estomac, vous trouverez des conseils sur la taille
des portions à lui donner et apprendrez à
reconnaître les signes de satiété.

Gagner la faveur de votre tout-petit

Votre petit mange comme un grand maintenant et profite pleinement de ses trois repas et deux collations santé par jour. Ne vous étonnez pas toutefois s'il fait la fine bouche ou devient même intraitable aux repas. Après tout, il affirme son indépendance de bien des façons, y compris lors des repas.

À bas les batailles à la table!

Voici quelques conseils pour préserver la paix au moment des repas :

LAISSEZ-LE CHOISIR : Vous êtes bien entendu responsable de choisir les aliments qui vont aboutir dans l'assiette de votre enfant mais vous pouvez lui offrir des choix et le laisser décider quels aliments il veut manger. Ce compromis lui donnera le sentiment qu'il a le contrôle et il sera moins difficile à contenter.

OFFREZ DES ALIMENTS À LA FOIS NOUVEAUX ET ÉPROUVÉS : Lorsque c'est possible, offrez à votre petit des aliments qu'il apprécie mais ne prenez pas de nouvelles commandes à l'improviste : n'oubliez pas que vous êtes seul maître à bord. Essayez plutôt d'inclure au moins un plat connu sur la table à chaque repas avec quelque chose de nouveau et de savoureux.

FIXEZ L'HEURE DES REPAS ET DES COLLATIONS : Certains tout-petits semblent vouloir grignoter toute la journée au lieu de manger aux repas mais il vaut mieux prendre les repas et les collations à heure fixe. Expliquez-lui gentiment qu'il n'est pas encore l'heure mais qu'il va manger bientôt. Rassurez-vous : il ne souffrira pas de faim en attendant.

Des repas amusants

Rien ne fonctionne mieux pour gagner la faveur de votre tout-petit que la distraction. Voici quelques conseils pour l'intéresser à son assiette.

MÉLANGEZ LES GENRES : Servez des mets de petit-déjeuner comme les crêpes avec des fruits frais ou des œufs brouillés avec des légumes le midi ou le soir et des sandwichs au fromage fondu au petit-déjeuner.

CAMOUFLEZ DES ALIMENTS NUTRITIFS : Ajoutez des légumes à la sauce tomate et des brocolis, courgettes ou épinards hachés finement aux lasagnes, pâtes, pizzas et calzones.

AMUSEZ-VOUS : Les tout-petits adorent la nourriture à tremper. Offrez-leur la trempette crémeuse à l'hoummos (page 82), le fromage de chèvre aux herbes (page 152) ou la trempette aux haricots noirs (page 151). Les bâtonnets de

Assez c'est assez

Même si votre enfant sait parler, il ne vous le dira peut-être pas lorsqu'il n'aura plus faim. Voici certains signes de satiété :

- il mange avec moins d'appétit.
- il joue avec sa nourriture.
- Il veut quitter la table.

légumes tels que les carottes, les brocolis et les poivrons blanchis; les craquelins de blé entier, les tortillas de farine de blé et les mini-pains pita; et les morceaux de patate douce ou de courge musquée rôtie.

N'OUBLIEZ PAS LES DOUCEURS : En terminant le repas avec un dessert, vous enseignez à votre enfant de manger de façon équilibrée en transformant celui-ci en événement spécial (voir page 163 pour des idées de desserts santé).

FAVORISEZ LA SOCIALISATION : Invitez des amis pour le goûter ou le souper. En observant ses amis déguster une variété d'aliments, votre enfant s'ouvrira à de nouvelles expériences à table.

LAISSEZ-LE VOUS AIDER : Les tout-petits adorent participer à la préparation des repas. Laissez-le vous aider en lui demandant d'éponger les salades lavées, de remuer la pâte ou d'ajouter des légumes coupés à une salade.

L'équilibre nutritif

Les parents se demandent souvent si leurs tout-petits mangent suffisamment aux repas.

En incluant des aliments adaptés aux tout-petits sur la table à chaque repas, il obtiendra les éléments nutritifs essentiels et vous pourrez lui offrir des nouveautés sans vous sentir sous pression. À chaque repas, offrez-lui une combinaison de nouveaux aliments et de mets préférés tels qu'énumérés ci-dessous :

- des aliments froids et crémeux comme le yogourt ou la compote de pommes
- des aliments féculeux comme les pommes de terre au four, le riz et les pâtes avec une sauce tomate ou du fromage

- des aliments tendres et riches en protéines comme les sandwichs au fromage fondu, les hamburgers à la dinde ou les œufs brouillés
- des fruits coupés tels que pommes, bananes, nectarines et fraises
- des légumes au goût délicat comme les carottes blanchies, le maïs étuvé et la purée de pommes de terre

---

La portion parfaite

Votre tout-petit est peut-être plus grand mais son estomac est plus petit que vous croyez. En réalité, les grosses portions peuvent dérouter votre enfant. Voici quelques lignes directrices pour la taille des portions :

LAIT OU YOGOURT : ½ tasse

VIANDE, POISSON OU VOLAILLE : 1-2 oz (30-60 g)

HARICOTS : 2–4 c. à soupe

PAIN : ½ tranche

PÂTES, COUSCOUS, POLENTA OU RIZ : ¼–½ tasse (1–2 oz/30-60 g)

CÉRÉALES : ¼–½ tasse (1-1½ oz/30-45 g)

LÉGUMES : ¼ cup (1–1½ oz/30–45 g)

FRUITS : ½ petit fruit ou ¼ tasse (1-1¼ oz/30-45 g)

Adapté de The ADA Pocket Guide to Pediatric Nutrition Assessment *par Beth L. Leonberg*

Bâtonnets de sandwichs au fromage fondu et soupe aux tomates

Les sandwichs au fromage fondu et la soupe aux tomates sont une combinaison classique qui donne aux enfants l'occasion de tremper les bâtonnets croustillants au fromage dans un riche bol de soupe. Si vous avez plus d'une bouche à nourrir, augmentez le nombre de sandwichs.

1 boîte (28 oz/875 g) de tomates italiennes avec le jus

1 c. à soupe d'huile d'olive

½ oignon jaune, haché

1 gousse d'ail, émincée

1 tasse (8 oz liq./250 ml) de bouillon de légumes maison (page 53), bouillon de légumes pauvre en sel du commerce ou eau

2 c. à thé de sucre

¼ c. à thé de sel

3 c. à soupe de crème épaisse

1 – 3 tranches (1 oz/30 g) de fromage cheddar

2 tranches de pain de blé entier

2 c. à thé de beurre non salé, tempéré

RENDEMENT : ENVIRON 3½ TASSES (28 OZ/875 ML) DE SOUPE ET 4 BÂTONNETS GRILLÉS AU FROMAGE

- Pour préparer la soupe, dans un robot culinaire ou mélangeur, réduire les tomates et leur jus en une purée lisse. Réserver. Faire chauffer l'huile d'olive dans une casserole, à feu moyen. Ajouter l'oignon et l'ail et faire revenir environ 5 minutes jusqu'à ce qu'ils soient ramollis. Ajouter les tomates, le bouillon, le sucre et le sel et laisser mijoter. Cuire à découvert 15 minutes en remuant à l'occasion pour marier les saveurs. Retirer du feu et laisser tiédir.

- Transférer la soupe dans un robot culinaire ou mélangeur; réserver la casserole. En travaillant par petites quantités au besoin, réduire la soupe en une purée lisse et la remettre dans la casserole. Incorporer la crème, couvrir pour tenir au chaud et réserver.

- Pour préparer les bâtonnets au fromage fondu, chauffer une poêle à feu moyen. Mettre les tranches de fromage entre les tranches de pain en couvrant la surface uniformément. Beurrer l'extérieur des tranches de pain. Déposer le sandwich dans la poêle, couvrir et cuire environ 2 minutes, jusqu'à ce que le dessous soit bien doré et que le fromage commence à fondre. Découvrir, tourner le sandwich et cuire l'autre côté 1 minute de plus, jusqu'à ce qu'il soit bien doré et le fromage fondu.

- Transférer le sandwich sur une planche à découper et laisser tiédir. À l'aide d'un couteau dentelé, retrancher les croûtes du pain et couper le sandwich en 4 lanières égales. Avec une louche, verser un peu de soupe dans un bol et servir avec les bâtonnets grillés au fromage fondu.

  CONSERVATION : Cette recette donne 4 portions de soupe. Réfrigérer la soupe dans un contenant hermétique jusqu'à 3 jours ou congeler jusqu'à 3 mois.

Pommes de terre au four, garnitures variées

Rien n'est plus facile et plus appétissant qu'une pomme de terre au four : tendre et consistante, facile à mettre en morceaux pour les petits appétits et prête à être apprêtée de mille et une façons. Les recettes dans cette page et la suivante vous donnent une longueur d'avance avec une multitude d'idées pour d'autres repas nutritifs à base de pommes de terre au four.

Pommes de terre au chili à la dinde

2 petites pommes de terre Russet, brossées

1 c. à soupe d'huile d'olive

½ oignon jaune, haché finement

1 gousse d'ail, émincée

1 lb (500 g) de dinde hachée

1 c. à soupe de poudre de chili

½ c. à thé de cumin moulu

½ c. à thé de sel

1 boîte (15 oz/470 g) de tomates broyées

1 tasse (7 oz/220 g) de haricots pinto cuits, pauvres en sel, rincés et égouttés

2 c. à soupe de coriandre fraîche, hachée

fromage cheddar râpé et crème sûre ou yogourt nature de lait entier, pour servir

RENDEMENT : ENVIRON 3½ TASSES (28 OZ/875 G) DE CHILI ET 4 MOITIÉS DE POMME DE TERRE AU FOUR

- Préchauffer le four à 400°F (200°C). À l'aide d'une fourchette ou d'un couteau aiguisé, piquer chaque pomme de terre en plusieurs endroits et déposer sur une plaque à pâtisserie. Cuire au four environ 1 heure, jusqu'à ce que les pommes de terre soient tendres lorsqu'on les pique. Retirer du four et laisser refroidir.

- Entre-temps, chauffer l'huile d'olive à feu moyen-vif dans une casserole. Ajouter l'oignon et l'ail et faire revenir environ 5 minutes jusqu'à ce qu'ils soient ramollis. Ajouter la dinde, la poudre de chili, le cumin et le sel et remuer. Cuire environ 5 minutes, en remuant sans cesse pour défaire la dinde, jusqu'à ce que la viande soit opaque et ait perdu sa teinte rosée. Ajouter les tomates et les haricots et porter à ébullition. Réduire à feu moyen-doux, couvrir et laisser mijoter 15 minutes pour marier les saveurs. Retirer du feu et incorporer la coriandre.

- Couper chaque pomme de terre en deux sur la largeur et couper une mince tranche du bout pour qu'elles tiennent debout. Disposer les moitiés de pomme de terre, le côté coupé vers le haut, dans des assiettes. Égrener le côté coupé des pommes de terre avec une fourchette. Verser à peine ½ tasse (4 oz/125 g) de chili sur chaque pomme de terre et garnir de fromage et de crème sûre. Laisser refroidir complètement et servir. Couper les pommes de terre en morceaux que l'enfant peut manger dépendant de son âge et de son habileté à mastiquer.

CONSERVATION : Cette recette donne 4 portions de chili; congeler le chili restant dans un contenant hermétique jusqu'à 1 mois. Réfrigérer les pommes de terre en trop enveloppées dans du papier d'aluminium jusqu'à 2 jours; réchauffer au four à basse température.

Barquettes au brocoli et au fromage

2 petites pommes de terre Russet, brossées

½ tasse (1 oz/30 g) de fleurons de brocoli, hachés

3 c. à thé de beurre non salé

sel et poivre (facultatif)

¼ tasse (1 oz/30 g) de fromage cheddar râpé

RENDEMENT : 6 BARQUETTES DE POMMES DE TERRE AU FOUR

- Préchauffer le four à 400°F (200°C). À l'aide d'une fourchette ou d'un couteau aiguisé, piquer chaque pomme de terre en plusieurs endroits et mettre sur une plaque à pâtisserie. Cuire au four environ 1 heure, jusqu'à ce que les pommes de terre soient tendres lorsqu'on les pique.

- Vers la fin de la cuisson des pommes de terre, porter à ébullition une casserole remplie d'eau aux trois quarts. Ajouter le brocoli et cuire environ 5 minutes, jusqu'à tendreté. Égoutter et réserver.

- Retirer les pommes de terre du four et laisser refroidir. Laisser le four allumé. Couper chaque pomme de terre sur la largeur en trois tranches épaisses, en retirant une mince tranche du bout pour qu'elles tiennent debout. Disposer les tranches de pomme de terre, côté coupé vers le haut, sur la plaque à pâtisserie. Égrener le côté coupé de la pomme de terre avec une fourchette et garnir chacune de ½ c. à thé de beurre. Saler et poivrer légèrement si désiré.

- Garnir chaque tranche de pomme de terre de brocoli et de fromage en répartissant les garnitures également. Retourner au four et cuire 3 – 5 minutes jusqu'à ce que le fromage soit fondu. Laisser refroidir puis servir. On peut servir les tranches de pomme de terre entières ou les couper en morceaux de la taille que l'enfant peut manger dépendant de son âge et de son habileté à mastiquer.

UN BRIN DE VARIÉTÉ : voici quelques idées délicieuses adaptées pour les tout-petits qui transformeront l'humble tubercule en une collation ou un repas nutritif. Préparez la pomme de terre au four tel qu'indiqué ci-dessus, en omettant le brocoli et le fromage; puis garnir comme suit :

- haricots noirs écrasés, réchauffés, fromage cheddar râpé, une cuillérée de salsa légère et yogourt nature de lait entier

- avocat haché finement, oignon vert émincé et une giclée de jus de lime frais

- lentilles chaudes et bacon de dinde émietté

Collations santé

Les collations santé sont une solution aux habitudes alimentaires irrégulières de votre enfant. En offrant à votre tout-petit des collations équilibrées et saines, vous vous assurez non seulement qu'il n'aura pas faim entre les repas mais vous lui refilez en douce des éléments nutritifs supplémentaires qu'il a peut-être délaissés pendant les repas.

Planifier la collation parfaite

Nous considérons souvent les collations comme un aliment commode et rapide, à manger sur le pouce. Toutefois, la meilleure collation pour votre enfant requiert parfois un peu de prévoyance.

Pour un maximum d'éléments nutritifs et satisfaire votre tout-petit jusqu'au repas, la collation doit ressembler à un mini-repas à base de vrais aliments. Essayez un mélange de protéines, de gras et de glucides pour le satisfaire et le nourrir jusqu'au repas.

La plupart des tout-petits se contenteraient de grignoter toute la journée. Pour vous assurer que la collation ne nuit pas au repas, offrez-la à votre enfant à la même heure deux ou trois fois par jour.

Les collations sur le pouce

Quand vous avez des courses à faire, voici quelques conseils de collations commodes et prêtes à servir :

- Emportez des collations qui n'ont pas besoin d'être réfrigérées telles que des sandwichs au beurre d'arachide sur du pain de blé entier.

- Minimisez les dégâts en choisissant des collations qui ne dégoulinent pas telles que les mini-muffins aux carottes et au son ou des tranches de pain aux bananes ou aux courgettes.

- Emballez des portions individuelles dans des contenants de même taille pour conserver la fraîcheur des aliments.

- Choisissez des fruits coupés qui voyagent bien tels que les pommes en tranches, les bananes et les fraises.

- Laissez des serviettes de table, du papier essuie-tout et de petites assiettes en carton dans votre voiture en permanence pour ne pas risquer de les oublier chaque fois que vous prenez la collation sur la route.

Taille des collations

Visez des portions raisonnables pour votre tout-petit :

- ¼-½ tasse (2-4 oz/60-125 g) de yogourt, fromage cottage ou ricotta

- ¼-½ tasse (1½-3 oz/45-90 g) de céréales de grain entier

- ½ tranche de pain de grain entier ou de blé entier

- ½ mini-bagel

- ¼ tasse (2 oz/60 g) de fruits frais ou légumes blanchis, coupés

- ½ petit fruit mûr

Les collations pour tout-petits

Ajoutez ces collations bien choisies à votre répertoire pour combler les carences nutritives dans le régime de votre enfant.

POUR LE CALCIUM

- Un demi mini-bagel avec sauce tomate et fromage, grillé sous le gril

- Un contenant en portion individuelle de fromage cottage ou de yogourt, garni de fruits en purée ou frais et hachés tels que bleuets ou pêches

- Un petit bol de céréales de grain entier avec des raisins secs hachés ou des amandes non salées hachées et du lait

- Un petit bol de ricotta saupoudrée de sucre à la cannelle ou mélangée à une purée de fruits

- Une compote de pommes (page 22) mélangée à du fromage cottage

POUR LES PROTÉINES

- De minces tranches de jambon ou de poitrine de dinde insérées dans la moitié d'un mini-pain pita de blé entier

- Des craquelins de blé entier tartinés de beurre d'arachide, beurre d'amande ou beurre de noix de soja

- Une demi-tortilla de blé entier chauffée, tartinée avec une cuillérée de haricots écrasés, saupoudrée de fromage Monterey Jack râpé, puis enroulée

- Un œuf dur, pelé, coupé en quatre et saupoudré de poudre de cari légère ou de paprika doux

POUR LES FRUITS ET LÉGUMES

- Pommes ou poires mûres tranchées garnies de tranches minces de fromage cheddar

- Des tranches de banane mûre trempées dans du yogourt aux fraises biologique

- Des tranches de pain aux courgettes ou aux bananes, grillées et tartinées de fromage à la crème

- Des lanières de poivron rouge et jaune rôtis avec du hoummos (page 82)

- Des légumes tels que les bâtonnets de carotte et les fleurons de brocoli, cuits, avec une trempette aux haricots noirs, aux artichauts, au fromage de chèvre aux fines herbes, au saumon fumé ou aux épinards (voir pages 151-153)

Bouchées bananes et beurre d'amande

Ces sandwichs miniatures vont à coup sûr faire sensation pour la collation. Coupez-les en carrés ou en triangles; ou utilisez un petit emporte-pièce pour fabriquer d'autres formes telles que des ronds, étoiles ou cœurs. Vous pouvez remplacer le beurre d'amande par celui que votre enfant préfère – ou expérimentez de nouvelles saveurs en optant pour le beurre de noix de cajou ou beurre de tournesol.

1 tranche de pain de blé entier

1¼ - 2 c. à soupe de beurre d'amande crémeux

¼ banane, en tranches minces

1 c. à thé de miel

RENDEMENT : 4 SANDWICHS-BOUCHÉES

- Griller le pain légèrement et tartiner de beurre d'amande sur un côté. Disposer les tranches de banane par-dessus pour couvrir le centre du pain.

- À l'aide d'un couteau aiguisé, retrancher les croûtes, puis couper le pain en 4 petits carrés ou triangles. Vous pouvez aussi utiliser un petit emporte-pièce et couper des formes amusantes. Transférer dans une assiette, arroser de miel et servir.

UN BRIN DE VARIÉTÉ : Voici d'autres combinaisons délicieuses à essayer :

- Bouchées aux petits fruits et au fromage à la crème : Tartinez le pain grillé d'une mince couche de fromage à la crème puis garnir de framboises ou de bleuets frais.

- Bouchées aux pommes et aux noix : Tartinez le pain grillé de beurre d'arachide et garnir d'une pomme en tranches.

- Bouchées au beurre de noix de cajou : Tartinez le pain grillé de beurre de noix de cajou et garnir de canneberges séchées hachées finement ou de raisins secs et de noix de coco grillée.

Légumes et trempettes au choix

Même si certains tout-petits répugnent à l'idée d'un repas en sauce, ils adorent plonger la nourriture dans des sauces et purées goûteuses. Les légumes accompagnés de trempettes santé sont l'occasion idéale de transformer une collation divertissante en un mini-repas nourrissant. Servez des pois sugar snap parés, des lanières de poivron rouge, des carottes miniatures cuites et des fleurons de brocoli et de chou-fleur cuits.

Trempette aux haricots noirs

1 boîte (14 oz/440 g) de haricots noirs cuits, pauvres en sel

le jus de ½ lime

2 c. à soupe de coriandre fraîche, hachée

½ gousse d'ail

½ c. à thé de cumin moulu

½ c. à thé de poudre de chili légère

sel et poivre (facultatif)

RENDEMENT : 1½ TASSE
(12 OZ/375 G) DE TREMPETTE

- Égoutter les haricots dans un tamis fin; conserver le liquide. Rincer les haricots et égoutter à fond.

- Dans un robot culinaire ou mélangeur, combiner les haricots, le jus de lime, la coriandre, l'ail, le cumin et la poudre de chili et réduire en une purée lisse, en ajoutant un peu du liquide conservé pour obtenir une consistance lisse. Saler et poivrer au goût si désiré.

- Servir la trempette avec des légumes ou du pain tranché (voir ci-dessus et à la page 153 pour des idées).

  CONSERVATION : Réfrigérer dans un contenant hermétique jusqu'à 3 jours.

Trempette crémeuse aux artichauts

½ tasse (4 oz/125 g) de cœurs d'artichaut en conserve

2 oignons verts, hachés finement

4 oz (125 g) de fromage à la crème, tempéré

2 c. à soupe de persil italien frais, haché

2 ou 3 c. à thé de jus de citron frais

RENDEMENT : 1 TASSE
(8 OZ/250 G) DE TREMPETTE

- Rincer et égoutter les cœurs d'artichaut.

- Dans un robot culinaire ou mélangeur, combiner les artichauts, les oignons verts, le fromage à la crème, le persil et 2 c. à thé de jus de citron. Réduire en une purée lisse. Assaisonner de jus de citron au goût.

- Servir la trempette avec des légumes ou du pain tranché (voir ci-dessus et à la page 153 pour des idées).

  CONSERVATION : Réfrigérer dans un contenant hermétique jusqu'à 3 jours.

Trempette de chèvre aux fines herbes

5 oz (155 g) de fromage de chèvre mou

⅓ tasse (2½ oz/75 g) de yogourt nature de lait entier

1 c. à soupe d'aneth frais, haché

1 c. à soupe de persil italien frais, haché

1 c. à thé de jus de citron frais

RENDEMENT : ENVIRON 1 TASSE (8 OZ/250 G) DE TREMPETTE

- Dans un robot culinaire ou mélangeur, combiner le chèvre, le yogourt, l'aneth, le persil et le jus de citron et réduire en une purée lisse.

- Servir la trempette avec des légumes ou du pain tranché (voir pages 151 et 153 pour des idées).

CONSERVATION : Réfrigérer dans un contenant hermétique jusqu'à 3 jours.

Trempette au saumon fumé

2 oz (60 g) de saumon fumé, haché

¼ tasse (2 oz/60 g) de fromage à la crème fouetté

2 c. à soupe de yogourt nature de lait entier

1 c. à thé de ciboulette hachée (facultatif)

1 c. à thé de jus de citron frais

RENDEMENT : ENVIRON 1 TASSE (8 OZ/250 G) DE TREMPETTE

- Dans un robot culinaire ou mélangeur, combiner le saumon, le fromage à la crème, le yogourt, la ciboulette (le cas échéant) et le jus de citron et réduire en une purée lisse.

- Servir la trempette avec des légumes ou du pain tranché (voir pages 151 et 153 pour des idées).

CONSERVATION : Réfrigérer dans un contenant hermétique jusqu'à 2 jours.

18 MOIS À 3 ANS

Trempette aux épinards

½ tasse (1 oz/30 g) de jeunes
pousses d'épinards, bien tassées

½ tasse (4 oz/125 g) de fromage
à la crème fouetté

2 c. à soupe de yogourt nature
de lait entier

1 c. à thé d'aneth frais, haché
(facultatif)

1 c. à thé de jus de citron frais

sel et poivre

**RENDEMENT : ENVIRON 1 TASSE
(8 OZ/250 G) DE TREMPETTE**

- Porter à ébullition une casserole à moitié remplie d'eau
  légèrement salée. Ajouter les épinards à l'eau bouillante et cuire
  environ 1 minute, jusqu'à ce qu'ils flétrissent. Égoutter dans une
  passoire, presser pour extraire le plus d'eau possible, puis hacher
  finement.

- Dans un robot culinaire ou mélangeur, combiner les épinards, le
  fromage à la crème, le yogourt, l'aneth (le cas échéant) et le jus de
  citron et réduire en une purée lisse.

- Servir la trempette avec des légumes ou du pain tranché (voir
  ci-dessous et à la page 151 pour des idées).

  CONSERVATION : Réfrigérer dans un contenant hermétique jusqu'à
  3 jours.

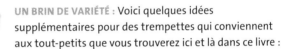

UN BRIN DE VARIÉTÉ : Voici quelques idées
supplémentaires pour des trempettes qui conviennent
aux tout-petits que vous trouverez ici et là dans ce livre :

- trempette crémeuse à l'hoummos (page 82)

- guacamole pour bébé (page 50)

- sauce tomate aux légumes (page 110)

Et quelques idées d'aliments amusants et nutritifs
à tremper :

- mini-pain pita ou pain de blé entier, grillé et coupé en
  bouchées

- légumes blanchis ou étuvés tels que des fleurons de brocoli
  et de chou-fleur, des pointes d'asperges, des pois sugar
  snap ou haricots verts parés et des bâtonnets de carotte

- polenta refroidie, coupée en bouchées

Nouilles à gogo

Les pâtes sont un mets préféré de bien des enfants – et des parents également; elles cuisent rapidement et peuvent être apprêtées avec une infinie variété de sauces, d'assaisonnements, de légumes et de viandes. Utilisez les recettes de cette page et la suivante comme point de départ. Vous pouvez expérimenter avec d'autres légumes et viandes cuites pour créer vos propres combinaisons.

Pâtes aux saucisses et aux tomates

1 tasse (3½ oz/105 g) de pâtes de blé entier sèches telles que penne, coquillettes, macaronis ou orzo.

2 c. à thé d'huile d'olive

1 saucisse de poulet fumé d'environ 3 oz (90 g), hachée finement

1 gousse d'ail, émincée

1 tasse (6 oz/185 g) de tomates en dés fraîches ou en conserve

2 c. à soupe de basilic frais, haché

sel et poivre

RENDEMENT : ENVIRON 3 TASSES (18 OZ/560 G) DE PÂTES

- Porter à ébullition une casserole remplie aux trois quarts d'eau légèrement salée. Ajouter les pâtes et cuire 8 – 10 minutes, jusqu'à ce qu'elles soient tendres mais encore fermes. Égoutter à fond et réserver.

- Dans une poêle, chauffer l'huile d'olive à feu moyen-vif. Ajouter la saucisse et cuire environ 3 minutes, jusqu'à ce qu'elle soit dorée sur les bords. Ajouter l'ail et remuer 1 – 2 minutes jusqu'à ce qu'un arôme se dégage. Ajouter les tomates et faire mijoter environ 5 minutes, en remuant à l'occasion, pour marier les saveurs. Incorporer les pâtes et le basilic, puis saler et poivrer au goût. On peut couper la saucisse et les pâtes en morceaux que l'enfant peut manger dépendant de son âge et de son habileté à mastiquer.

CONSERVATION : Réfrigérer dans un contenant hermétique jusqu'à 2 jours.

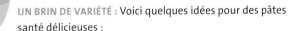

UN BRIN DE VARIÉTÉ : Voici quelques idées pour des pâtes santé délicieuses :

- Remplacez la saucisse et les tomates par des asperges, des pois et des poivrons rouges cuits et hachés finement et ajoutez du fromage parmesan et une giclée de jus de citron.

- Remplacez les tomates en dés par des tomates cerises hachées et faire revenir la saucisse avec des épinards hachés.

Chow mein au poulet

4 oz (125 g) de nouilles ramen fraîches ou spaghettis

1 carotte moyenne, pelée et hachée finement

1 tasse (2 oz/60 g) de fleurons de brocoli, hachés

1 c. à soupe d'huile de sésame

2 c. à thé d'huile de canola

½ poivron rouge, épépiné et haché finement

1 tasse (6 oz/185 g) de poulet cuit émincé

1½ - 2 c. à soupe de sauce soya pauvre en sel

RENDEMENT : ENVIRON 4 TASSES (24 OZ/750 G) DE NOUILLES

● Porter à ébullition une casserole remplie aux trois quarts d'eau légèrement salée. Ajouter les nouilles et cuire environ 8 minutes, jusqu'à ce qu'elles soient tendres mais encore fermes. Pendant les 2 dernières minutes de cuisson, ajouter la carotte et le brocoli pour les blanchir. Égoutter les nouilles et les légumes dans la même passoire.

● Dans une grande poêle, chauffer l'huile de sésame et de canola à feu moyen-vif. Ajouter le poivron rouge et cuire 2 – 3 minutes en remuant, jusqu'à ce que les légumes soient ramollis. Ajouter le poulet, les nouilles, les carottes, le brocoli et 1½ c. à soupe de sauce soya et remuer pour bien mélanger. Cuire environ 2 minutes de plus, jusqu'à ce que les légumes soient mi-croquants mi-tendres et chauds. Assaisonner de sauce soya au goût. Couper les ingrédients en morceaux que l'enfant peut manger dépendant de son âge et de son habileté à mastiquer.

CONSERVATION : Réfrigérer dans un contenant hermétique jusqu'à 2 jours.

UN BRIN DE VARIÉTÉ : Utilisez la recette ci-dessus comme point de départ en faisant des substitutions pour la viande et les légumes :

● Remplacez le brocoli et la carotte par des pois sugar snap hachés finement et des grains de maïs frais.

● Remplacez le poulet par de minces tranches de bifteck cuit, hachées, et ajoutez 1 gousse d'ail émincée avec le poivre.

● Remplacez le poulet par de minces tranches de filet de porc cuit, hachées, et la carotte par de l'ananas haché.

● Remplacez le poulet par de petits cubes de tofu et la sauce soya par une sauce teriyaki.

● Remplacez le brocoli par des asperges hachées finement et le poulet par du saumon désossé, cuit et effeuillé.

Le petit-déjeuner à midi

Les œufs brouillés sont faciles à préparer le midi et le succès est assuré auprès de votre bébé ou tout-petit. Les grumeaux mous et crémeux se marient à une grande variété d'aliments, des viandes aux légumes en passant par les fromages. Utilisez les œufs le plus frais possible et achetez un produit biologique provenant d'élevages en liberté lorsque c'est possible.

Œuf brouillé au fromage et aux herbes

1 gros œuf

1 c. à thé de lait entier

2 c. à soupe de fromage cheddar râpé

1 c. à thé de fines herbes telles que ciboulette, estragon et/ou persil italien, hachées

1 c. à thé de beurre non salé

RENDEMENT : 1 PORTION

- Dans un petit bol, combiner l'œuf et le lait et battre légèrement. Incorporer le fromage et les herbes.

- Dans une poêle antiadhésive à feu moyen, faire fondre le beurre. Lorsqu'il commence à mousser, ajouter le mélange à l'œuf et cuire environ 2 minutes en remuant sans cesse jusqu'à ce qu'il soit pris mais encore humide. Laisser tiédir avant de servir.

Œuf brouillé mexicain

1 gros œuf

1 c. à thé de lait entier

2 c. à soupe de fromage cheddar râpé

½ c. à soupe de beurre non salé

½ tortilla de maïs de 6 po (15 cm), coupée en bouchées

1 c. à soupe de salsa légère rouge ou verte (facultatif)

RENDEMENT : 1 PORTION

- Dans un petit bol, combiner l'œuf et le lait et battre légèrement. Incorporer le fromage.

- Dans une poêle antiadhésive à feu moyen, faire fondre le beurre. Lorsqu'il commence à mousser, ajouter les morceaux de tortilla et cuire environ 2 minutes en remuant souvent jusqu'à ce qu'ils commencent à dorer. Ajouter le mélange à l'œuf et cuire 2 – 3 minutes en remuant sans cesse jusqu'à ce qu'il soit pris mais encore humide. Laisser tiédir avant de servir. Garnir de salsa si désiré.

Œuf brouillé à la saucisse et aux champignons

1 gros œuf

1 c. à thé de lait entier

2 c. à soupe de fromage Monterey Jack râpé

¼ c. à thé d'origan frais, haché (facultatif)

1 c. à thé d'huile d'olive

2 champignons de Paris ou cremini, brossés et hachés finement

2 c. à soupe de saucisse au poulet, cuite et hachée finement

RENDEMENT : 1 PORTION

● Dans un petit bol, combiner l'œuf et le lait et battre légèrement. Incorporer le fromage et l'origan, le cas échéant.

● Dans une poêle antiadhésive, chauffer l'huile d'olive à feu moyen. Ajouter les champignons et faire revenir environ 3 minutes jusqu'à ce qu'ils ramollissent et rendent leur eau. Ajouter la saucisse et cuire 1 – 2 minutes de plus jusqu'à ce qu'elle commence à dorer. Ajouter le mélange à l'œuf et cuire environ 2 minutes en remuant sans cesse jusqu'à ce qu'il soit pris mais encore humide. Laisser tiédir avant de servir.

UN BRIN DE VARIÉTÉ : Les variantes d'œufs brouillés sont innombrables. Allez-y selon votre imagination, vos provisions dans le réfrigérateur et les préférences de votre tout-petit. Voici quelques combinaisons faciles de viandes, fromages et légumes qui plaisent aux enfants :

● des pommes de terre rôties, hachées finement, et du jambon émincé

● du saumon cuit, effeuillé, du chèvre frais, émietté, et de l'aneth frais, haché

● des courgettes râpées, du basilic frais, haché, et du fromage parmesan râpé

● des épinards sautés, hachés, du bacon de dinde émietté et de la mozzarella râpée

Mini-hamburgers à la dinde

Ces petits hamburgers juteux sont idéals pour les fêtes d'anniversaire et les visites d'amis ainsi que pour les repas de tous les jours. Pour les mini-pains, utilisez des petits pains, pains challah ou biscuits de grain entier ou prenez un emporte-pièce rond de 2 po (5 cm) pour les couper vous-même dans des pains à hamburger, des petits pains ou des grosses tranches de pain de grain entier.

1 lb (500 g) de dinde hachée, viande brune de préférence

½ tasse (1 oz/30 g) de chapelure fraîche

¼ tasse (1½ oz/45 g) d'oignons jaunes, émincés

2 c. à soupe de lait entier

½ c. à thé de sel

⅛ c. à thé de poivre

1 c. à soupe d'huile d'olive

6 petites tranches minces de fromage Monterey Jack

6 petits pains à hamburger (voir note ci-dessus), divisés

1 avocat mûr, dénoyauté, pelé et écrasé

RENDEMENT :
6 MINI-HAMBURGERS

- Préchauffer le gril. Dans un bol, combiner la dinde, la chapelure, l'oignon, le lait, le sel et le poivre. En utilisant les doigts, mélanger les ingrédients tout juste pour les amalgamer. Ne pas trop mélanger. Former 6 galettes de 2 po (5 cm) (5 cm) de diamètre et d'une épaisseur de ½ po (12 mm).

- Dans une grande poêle, chauffer l'huile d'olive à feu moyen-vif. Disposer les galettes dans la poêle sans la surcharger et cuire 9 – 12 minutes au total en les retournant une fois jusqu'à ce qu'elles soient cuites de part en part. Deux minutes avant la fin de la cuisson, déposer 1 tranche de fromage sur chaque galette et couvrir la poêle pour le faire fondre. Transférer les galettes dans une assiette.

- Pendant la cuisson de la viande, disposer les pains sur une plaque à pâtisserie, côté coupé vers le haut et passer sous le gril pour les griller légèrement.

- Pour assembler les hamburgers, mettre une galette sur le côté grillé du dessous de chaque pain. Tartiner généreusement le fromage d'avocat, placer le pain du dessus, côté grillé vers le bas, par-dessus et servir.

  CONSERVATION : Les hamburgers eux-mêmes se conservent bien avant l'assemblage. Envelopper les galettes refroidies de papier d'aluminium et réfrigérer jusqu'à 2 jours ou congeler jusqu'à 1 mois.

UN BRIN DE VARIÉTÉ : On peut garnir ces hamburgers de multiples aliments et condiments, des champignons sautés au bacon de dinde. Les mini-pains pita sont une variante aux pains à hamburger.

Les douceurs

Les experts en santé s'accordent pour dire qu'un régime sain laisse toujours place à un petit dessert sucré de temps à autre, et ce, à tout âge. Bien que le spectre des enfants gâtés aux sucreries hante les recoins de notre culture et de notre cuisine, il y a en réalité de nombreux desserts sains qui procurent des sucres naturels énergisants et des saveurs alléchantes.

18 MOIS À 3 ANS

Ce qu'il faut faire et ne pas faire

- Offrez un dessert à votre tout-petit de temps à autre. En lui servant des sucreries à l'occasion, vous lui apprenez à en manger avec modération au lieu de s'empiffrer d'aliments interdits.

- Ne marchandez pas le dessert contre une promesse de « nettoyer l'assiette ». Cela laisse entendre que le dessert est préférable aux aliments sains et au reste du repas.

- Explorez les possibilités de desserts santé à offrir à bébé, telles que les idées énumérées ci-contre. Celles qui incluent des ingrédients comme les fruits, les produits laitiers et les grains entiers peuvent vous permettre de

refiler quelques éléments nutritifs en douce. En présentant une assiette de fruits coupés avec des biscuits ou des morceaux de quatre-quarts, vous montrez à votre petit à équilibrer les sucreries et les aliments sains.

- Ne menacez pas de priver un enfant de dessert s'il ne mange pas ses légumes (ou tout autre aliment laissé en plan). Cette astuce peut se retourner contre vous et gâcher son plaisir de manger des aliments sains.

- Portez attention à la taille des portions. En servant le dessert à toute la famille en petites portions individuelles, vous vous assurez que votre tout-petit (et les autres) ne s'empiffrent pas de sucreries.

- N'offrez pas de sucreries en collation avant le repas. Gardez-les plutôt pour la fin du repas. De cette façon, votre enfant n'en mangera que s'il a vraiment faim.

- Donnez l'exemple. Dégustez le dessert avec votre tout-petit. En mangeant des sucreries avec modération, vous lui montrez que celles-ci peuvent être une délicieuse composante d'un repas équilibré.

- Ne racontez pas à votre tout-petit que les desserts sont malsains. Lui enseigner que les aliments sont là pour être appréciés avec modération lui permettra d'être plus flexible et moins difficile à table.

L'heure juste sur le sucre

Malgré ce qu'on entend dire, trop de sucre ne fera pas de votre tout-petit un hyperactif. En fait, plus d'une douzaine d'études ont conclu que le sucre (naturel ou autre) n'a pas d'incidence sur le niveau d'activité des enfants. Cependant, trop d'aliments sucrés peuvent rassasier en fournissant des calories vides et peuvent causer des caries dentaires.

Les desserts santé pour les tout-petits

Ces douceurs sans culpabilité sont remplies d'ingrédients bons pour la santé des petits corps en croissance.

FROIDS ET CRÉMEUX

- Une petite boule de yogourt glacé garnie de bananes et de fraises hachées

- Du yogourt glacé à la vanille, ramolli, entre deux mini-biscuits au gingembre

- Du yogourt garni de petits fruits frais et de granola de grain entier pour un joli parfait

- Un pouding au riz (page 69) arrosé de purée d'abricots, de pêches, de petits fruits ou autres

- Des petites pointes de gâteau au fromage à base de ricotta ou tofu, garnies de fraises hachées ou de cerises dénoyautées, hachées

FRUITÉS

- De petits cubes de melon ou de fraises, trempés dans des pépites de chocolat mi-sucré, fondu et refroidi

- Une gélatine instantanée biologique à saveur de fruit préparée avec des fruits frais en dés et coulée dans des moules rigolos

- Des tranches de banane avec crème fouettée et pépites de chocolat

- Des crêpes de blé entier farcies de nectarines hachées et saupoudrées de sucre en poudre

- Des mini-muffins aux carottes, coupés en deux et tartinés de fromage à la crème

CROQUANTS

- Des biscuits à l'avoine servis avec un verre de lait froid

- Des tranches de pomme trempées dans du caramel fondu puis refroidi

- Des mini-guimauves et des pépites de chocolat en sandwich entre 2 biscuits graham, chauffés au four à micro-ondes pour fondre la guimauve, en procédant par intervalles de 30 secondes (laisser refroidir avant de servir)

- Des bretzels de grain entier en bâtonnets avec des pépites de chocolat mi-sucré, fondu et refroidi, pour tremper

- Une pomme hachée ou tranchée, cuite au four jusqu'à tendreté, avec une garniture croustillante de granola de grain entier

Pizza en fête

Les pizzas sont un support idéal pour les viandes et les légumes. Si votre tout-petit exige immanquablement une pizza au fromage, hachez finement une variété de garnitures colorées et laissez-le choisir ce qu'il veut ajouter à sa propre pizza personnalisée. Il sera plus aventurier avec les garnitures s'il est maître à bord et les petits morceaux conviennent particulièrement bien aux tout-petits.

huile d'olive pour graisser

semoule de maïs pour saupoudrer

1 lb (500 g) de pâte à pizza du commerce, tempérée

1 tasse (8 oz liq./250 ml) de sauce tomate aux légumes (page 110) ou sauce tomate au choix

2 tasses (8 oz/250 g) de fromage mozzarella râpé

RENDEMENT : 4 PIZZAS

- Placer une grille dans la partie inférieure du four et préchauffer à 400°F (200°C). Huiler légèrement 2 plaques à pâtisserie et saupoudrer de semoule de maïs.

- Fariner une surface de travail, diviser la pâte en 4 morceaux égaux et les aplatir pour faire des ronds. À l'aide d'un rouleau à pâte légèrement fariné, abaisser chaque rond pour obtenir un diamètre d'environ 6 po (15 cm). Déposer deux ronds sur chaque plaque.

- Tartiner chaque rond de ¼ tasse (2 oz liq./60 ml) de sauce. Saupoudrer de fromage en le répartissant également, puis garnir selon les désirs (voir ci-dessous). Badigeonner les bords de la pâte d'huile d'olive.

- Cuire au four environ 10 minutes, 1 plaque à la fois, jusqu'à ce que les croûtes soit légèrement dorées et le fromage fondu et bouillonnant. Laisser tiédir, couper en pointes et servir.

UN BRIN DE VARIÉTÉ : Sortez des sentiers battus du commerce lorsqu'il s'agit de choisir des garnitures. Prévoyez environ ¼ tasse (2 oz/60 g) de légumes sautés ou étuvés et/ou de viande cuite pour chaque mini-pizza. Voici quelques idées à utiliser avec la recette ci-dessus :

- légumes : courge musquée ou pomme de terre rôtie, épinards ou fleurons de brocoli blanchis, tranches de courgettes, grains de maïs, lanières de poivron rouge rôti, tranches d'olive

- viandes cuites : poulet émincé, bacon de dinde émietté, jambon haché, saucisse au poulet et aux pommes hachée, bœuf haché

Calzones au fromage

Ces petites pizzas à prendre dans la main sont parfaites pour le goûter ou en pique-nique. Et tout comme la pizza, on peut les apprêter de multiples façons, par exemple la combinaison simple donnée ici ou la garniture de ricotta et d'épinards pour les roulés de lasagnes (page 170). Expérimentez avec les ingrédients de prédilection de votre enfant (voir page 164 pour des idées).

huile d'olive pour graisser

semoule de maïs pour saupoudrer

1 lb (500 g) de pâte à pizza du commerce, tempérée

1 tasse (8 oz liq./250 ml) de sauce tomate aux légumes (page 110) ou sauce tomate au choix

½ tasse (3 oz/90 g) de pepperoni ou jambon haché ou poulet cuit émincé

1 tasse (4 oz/125 g) de fromage mozzarella râpé

RENDEMENT : 8 MINI-CALZONES

- Placer 2 grilles à équidistance des éléments dans le four et préchauffer à 450°F (230°C). Huiler légèrement 2 plaques à pâtisserie et saupoudrer de semoule de maïs.

- Sur une surface légèrement farinée, diviser la pâte en 8 portions égales et aplatir pour faire des ronds. Avec les doigts farinés, étirer et aplatir délicatement chaque rond pour obtenir un diamètre d'environ 5 po (13 cm), ou abaisser à l'aide d'un rouleau à pâte légèrement fariné. Répartir des quantités égales de sauce tomate, de pepperoni et de fromage dans cet ordre sur une moitié de chaque rond, en laissant une lisière au bord. Plier chaque rond en deux pour couvrir la garniture, puis plier et pincer les bords. Sceller les calzones à l'aide des dents d'une fourchette. Transférer sur les plaques à pâtisserie préparées et piquer les dessus avec une fourchette.

- Cuire au four environ 15 minutes, en inversant les plaques à mi-cuisson, jusqu'à ce que les croûtes soient bien dorées. Laisser refroidir sur la plaque avant de servir.

  CONSERVATION : Envelopper les calzones dans du papier d'aluminium et réfrigérer jusqu'à 2 jours ou envelopper dans du papier d'aluminium, placer dans un contenant hermétique et congeler jusqu'à 1 mois. Réchauffer doucement au four à basse température.

Fiesta mexicaine

La cuisine mexicaine plaît aux enfants et aux tout-petits et renferme tout plein d'ingrédients santé, des combinaisons savoureuses ainsi que des épices délicieuses. Vous pouvez insérer les garnitures ci-dessous dans des tortillas de maïs chaudes, repliées, pour faire des tacos mous, ou dans de petites tortillas de farine de blé entier pour faire des mini-burritos. Laissez les grands les préparer eux-mêmes pour ajouter à la fête.

Haricots et riz

18 MOIS À 3 ANS

1 tasse (7 oz/220 g) de riz brun

1½ tasse (10½ oz/330 g) de haricots noirs cuits, pauvres en sel, rincés et égouttés

¼ tasse (2 oz liq./60 ml) de sauce tomate

2 c. à soupe de bouillon de poulet ou légumes pauvre en sel

⅛ c. à thé d'origan séché, broyé

1 c. à soupe de coriandre fraîche, hachée

½ c. à thé de vinaigre de riz

sel et poivre

tortillas de maïs ou de farine chaudes pour servir

RENDEMENT : 4 TASSES (28 OZ/875 G) DE RIZ AUX HARICOTS

- Dans une casserole, porter 2 tasses (16 oz liq./500 ml) d'eau à ébullition. Ajouter le riz, réduire à feu doux, couvrir et laisser mijoter doucement environ 50 minutes, jusqu'à ce que le riz soit tendre et l'eau absorbée. Retirer du feu et laisser reposer, à couvert, environ 5 minutes.

- Entre-temps, dans une autre casserole, combiner les haricots, la sauce tomate, le bouillon et l'origan et remuer pour bien mélanger. Faire mijoter à feu moyen pendant 1 minute. Incorporer la coriandre et le vinaigre de riz, puis saler et poivrer au goût.

- Laisser tiédir le riz aux haricots, puis servir enveloppé dans les tortillas. Pour les plus jeunes, couper les tortillas en bouchées à servir avec le riz aux haricots.

CONSERVATION : Réfrigérer le riz et les haricots séparément dans des contenants hermétiques jusqu'à 3 jours ou congeler jusqu'à 3 mois.

Poulet ou poisson mariné aux agrumes

1 c. à soupe d'huile d'olive et un peu plus pour graisser

1 c. à soupe de jus d'orange fraîchement pressé

1 c. à thé de jus de lime frais

1 gousse d'ail, émincée

¼ c. à thé de poudre de chili

⅛ c. à thé de sel

1 moitié de poitrine de poulet désossée sans la peau d'environ 6 oz (185 g) ou 1 filet de poisson paré sans la peau, tel que saumon sauvage ou flétan, d'environ 6 oz (185 g)

tortillas de maïs ou de farine chaudes pour servir

RENDEMENT : ENVIRON 1¼ TASSE (8 OZ/250 G) DE POULET OU POISSON

• Dans un bol, fouetter l'huile d'olive, les jus d'orange et de lime, l'ail, la poudre de chili et le sel. Ajouter le poulet ou le poisson et bien enduire de marinade. Couvrir et réfrigérer de 30 minutes à 2 heures pour le poulet ou 15 minutes pour le poisson.

• Préchauffer le four à 350°F (180°C). Huiler légèrement une petite plaque à pâtisserie. Transférer le poulet ou le poisson mariné sur la plaque préparée et jeter la marinade. Cuire au four environ 25 minutes pour le poulet ou 15 minutes pour le poisson, jusqu'à ce que la chair soit opaque de part en part. Laisser refroidir.

• Hacher le poulet ou le poisson ou le couper en dés pour obtenir des bouchées que l'enfant peut manger dépendant de son âge et de son habileté à mastiquer. Assurez-vous d'enlever toute arête dans le poisson. Servir en enveloppant la viande dans les tortillas. Pour les plus jeunes, couper les tortillas en bouchées et servir en accompagnement du poulet ou du poisson.

CONSERVATION : Réfrigérer dans un contenant hermétique jusqu'à 2 jours.

UN BRIN DE VARIÉTÉ : Les combinaisons de légumes cuits ou rôtis, de viandes cuites et de fromages pour farcir un taco ou un burrito sont illimitées. Vous pouvez utiliser le chili à la dinde (page 143) ou des légumes-racines rôtis tels que courge musquée, pommes de terre, panais et carottes pour farcir des burritos. Et pour rendre le repas encore plus divertissant, disposez une variété de garnitures sur la table pour laisser choisir votre tout-petit :

• fromage cheddar ou Monterey Jack, râpé

• avocats en dés et tomates

• yogourt nature de lait entier ou crème sûre

• salsa légère, rouge ou verte

Roulés de lasagnes

Les enfants adorent manger leurs propres mini-roulés de lasagnes dentelées – un petit emballage cadeau rempli de protéines et d'épinards riches en vitamines, très joli dans l'assiette et amusant à manger. Ce plat facile à préparer est délicieux avec la sauce tomate aux légumes (page 110).

6 lasagnes de blé entier sèches

2 tasses (4 oz/125 g) de jeunes pousses d'épinards, bien tassées

1 tasse (8 oz/250 g) de ricotta de lait entier

¾ tasse (3 oz/90 g) de fromage mozzarella râpé

huile d'olive pour graisser

1 tasse (8 oz liq./250 ml) de sauce tomate aux légumes (page 110) ou sauce tomate au choix, réchauffée

RENDEMENT : 12 ROULÉS

- Préchauffer le gril. Porter à ébullition une grande marmite remplie aux trois quarts d'eau légèrement salée. Ajouter les nouilles et cuire environ 8 minutes pour une cuisson al dente. À l'aide d'une pince ou d'une cuillère à égoutter, transférer les nouilles dans une passoire et rincer à l'eau courante froide. Disposer à plat sur un linge propre pour égoutter et refroidir.

- Ajouter les épinards à l'eau bouillante et cuire 1 – 2 minutes, jusqu'à ce qu'ils soient flétris. Égoutter dans la passoire, puis presser pour extraire le maximum d'eau. Hacher grossièrement. Dans un grand saladier, combiner les épinards, la ricotta et ½ tasse (2 oz/60 g) du fromage mozzarella.

- Huiler légèrement un plat allant au four de 8 po (20 cm) et y verser la sauce au fond. Couper les nouilles en deux sur la largeur. Mettre une moitié de nouille sur une surface de travail propre. Étendre une mince couche du mélange aux épinards et à la ricotta uniformément sur la nouille. En commençant par un bout, rouler délicatement la nouille pour contenir la garniture; déposer dans la plaque préparée, la jointure vers le bas. Répéter avec les nouilles restantes, en les serrant l'une contre l'autre.

Saupoudrer les roulés de la mozzarella restante. Mettre sous le gril environ 3 minutes jusqu'à ce que le fromage sur le dessus soit fondu et la garniture et les nouilles chaudes. Laisser refroidir, puis disposer les roulés dans des bols en ramassant chaque fois un peu de sauce au fond du plat. Couper les roulés pour obtenir des bouchées que l'enfant peut manger dépendant de son âge et de son habileté à mastiquer.

CONSERVATION : Réfrigérer dans un contenant hermétique jusqu'à 3 jours.

Index

weldonowen

415 Jackson Street, Suite 200, San Francisco, CA 94111
Téléphone : 415 291 0100 Fax : 415 291 8841
www.weldonowen.com

WELDON OWEN INC.

PDG et Président : Terry Newell
V.-P. principal, ventes internationales : Stuart Laurence
V.-P., ventes et développement commercial : Amy Kaneko
Directeur des finances : Mark Perrigo

Vice-présidente et éditrice : Hannah Rahill
Directrice de la rédaction : Kim Laidlaw

Directrice artistique associée : Emma Boys
Directrice artistique : Kara Church
Conceptrice : Meghan Hildebrand

Directeur de la production : Chris Hemesath
Chef de la production : Michelle Duggan
Gestion des couleurs : Teri Bell

Éditeur du groupe, Bonnier Publishing Group : John Owen

Photographe : Thayer Allyson Gowdy
Styliste culinaire : Erin Quon
Styliste pour les accessoires : Natalie Hoelen

Photographies additionnelles : Tosca Radigonda : page 7
Erika McConnell : pages 17, 18, 38 et 70;
Getty Images : Jose Luis Pelaez Inc. : page 104

Sélection des couleurs par Embassy Graphics

RECETTES POUR BÉBÉS ET TOUT-PETITS

Conçu et produit par Weldon Owen Inc.
Copyright © 2010 Weldon Owen Inc.
www.weldonowen.com

Copyright © 2010 Parfum d'Encre pour la version française
www.parfumdencre.com
Traduction : Carl Angers

Tous droits réservés, y compris le droit de reproduction
en tout ou en partie sous toute forme.

**Catalogage avant publication de Bibliothèque et Archives nationales
du Québec et Bibliothèque et Archives Canada**

Ansel, Karen
   Recettes pour bébés et tout-petits : des aliments frais, des recettes maison
pour un départ en santé
   Traduction de : The baby & toddler cookbook.
   Comprend un index.

ISBN 978-2-923708-36-2

1. Cuisine (Aliments pour nourrissons). 2. Nourrissons - Alimentation. 3.
Tout-petits - Alimentation. 4. Cuisine santé. I. Ferreira, Charity. II. Titre.
TX740.A5714 2010   641.5'6222   C2010-941739-9

Première impression en 2010
10 9 8 7 6 5 4 3 2 1

Imprimé en Chine par 1010 Printing International, Ltd.

REMERCIEMENTS

La société Weldon Owen remercie les personnes suivantes pour leur généreux soutien dans la production de ce livre :
Carrie Bradley Neves, Elizabeth Dougherty, Alexa Hyman, Ashley Martinez, Lesli Neilson, Elizabeth Parson et Brian Stevens.
Un merci tout particulier aux bébés, tout-petits, enfants et parents qui ont testé les recettes !